U0020740

料理吃門道

法國篇×義大利篇

商業周刊等◎著

法國料理吃門道

France

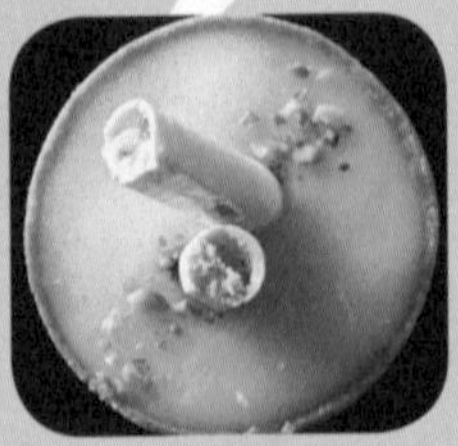

義大利 *Italy*

©Pixabay

法國
法國人在飲食方面，最值得分享的品味和生活態度是什麼？
裝飾雕琢的藝術、珍饈逸品？這些都還在其次，
最重要的是對傳統的尊重，以及用開放的心胸不斷嘗試，展現出來的創造力。

料理篇

法式烤田螺 ©亞都麗緻大飯店

法國菜貴什麼道理？

法國料理貴，
因為它賣你的是六百年歷史的精緻美食SOP。

文・游惠玲

長久以來，講到法國高級料理（Fine dining），大家最深的印象，除了米其林星級料理之外，就是很「貴」。的確，法國餐廳的價位在全世界好像都沒那麼親民（至少義大利還有披薩）。

在台灣，以亞都麗緻的「巴黎廳一九三〇」為例，每人的平均消費約新台幣兩千到四千元，是同飯店中江浙菜餐廳「天香樓」的兩倍以上，若是再點瓶葡萄酒，價格自然不只如此。

到底法國料理為什麼貴？

簡單一句話說：你付出的價格，並不只買幾道料理的美味，其實是買一個超過六百年歷史的精緻美食SOP。

法國料理的昂貴，來自三個道理：

一、歷經六百年淬煉的繁複料理與服務程序

【帶路專家】
林裕森
現職：葡萄酒美食作家
經歷：法國食品協會講師、巴黎十大葡萄酒經濟與管理碩士。
著作：《葡萄酒全書》、《美饌巴黎》、《酒瓶裡的風景：布根地葡萄酒》等。

早在十四世紀晚期，印刷術尚未發明之前，法國宮廷名廚泰爾馮（Taillevent）就已經編寫了一本《食譜全書》（*Le Viandier*），書中介紹了這位大廚為王公貴族宴請賓客所設計的各式菜單與明確的做法。包括當時上菜的順序分為數輪，也都訂得清清楚楚。像是第一輪中有肉桂清燉醃雞、香草雞等，第二輪則上烤肉、烤孔雀，第三輪續上紅燒鷓鴣、鹿肉法式凍派，最後一輪就上各式水果甜點。

「上菜服務」（service）一詞，就是來自於這本食譜。到了十七世紀路易十四的宮廷與貴族，更發生菜色及口味上的革新，發展出屬於法式料理的一套，而且路易十四的廚師還把各種料理的方式都文字化存檔，既然是源自宮廷的講究，每一道程序都馬虎不得。這些至今都還是在影響法式精緻美食的做法。介紹歐洲筵席歷史的《盛宴》說明，「也正是這段期間（西元一六五〇年到一六七〇年），凡爾賽宮確立這種新的飲宴方式為『法國風格』（service a la francaise）。」並且在往後一個世紀逐步擴展到貴族、中產階級，巴黎成為歐洲高級美食的重鎮，入列全球三大菜系之一。今日英文的「餐廳」（restaurant）一字，正是來自法文高級餐廳的意思。

細膩繁複的烹調過程成為法國料理的代名詞，平均工序多達兩百三十幾項，而且跟中式美食不一樣，中式十分依賴人治，法式則是標準非常統一。

而且繁瑣細膩不只烹調，更代表服務。在巴黎高級餐廳，如宮殿式飯店Le Meurice用餐，每個服務生的身段都要如天降神兵，客人若不小心將湯匙掉在地上，服務人員瞬間彷如隱形人般現身，先將新湯匙放回桌上，再以迅雷不及掩耳的速度，為客人撿走了躺在地上的湯匙，彷彿一切都沒發生過。

今日法國對於高級料理餐廳的服務生與客人的人數比例，都還有嚴格規定，你如果花了大錢吃法國菜，得到的服務生客人比例卻不對，就表示那家餐廳尚不夠貨真價值。

一次搞懂 三大菜系

文．孫秀惠

世界三大菜系主要是指：中國菜系（東方菜系），包括中國、朝鮮、日本、東南亞若干國家及南亞一些國家，以中餐為代表，這是世界人口最多的一個菜系。

法國菜系（西方菜系）也稱西餐，包括歐洲、美洲、大洋洲等許多國家，占地面積最大，以西餐為主題。土耳其菜系，包括中亞、西亞、南亞及非洲一些穆斯林國家。但若論到精緻高級料理，一般認定最講究繁複的，西方就屬法國菜，東方就屬日本懷石料理。二者都是從烹調到上菜、服務等等都講究極致與美學。

©呂恩賜

二、高貴的廚師養成投資

一位專業法國廚師的養成，是時間、努力與金錢的累積。知名的「巴黎藍帶廚藝學校」創建於一八九五年，曾培育許多法國料理與甜點的專業人士，在全球的法國餐飲界有相當的影響力。其中最有名的畢業生之一，就是改造美國飲食文化的名廚茱莉亞・柴爾德（Julia Child）。

她在回憶錄《我在法國的歲月》中提及參加藍帶課程的經歷，班上學生從基本功開始練起，削馬鈴薯、切洋蔥就搞了好幾個月，再進入各式法國菜的烹調。

今天，要拿到藍帶學院的結業證書（Grand Diploma，包括基礎、中級、高級料理及烘焙課），若選擇在巴黎上課，學費是三萬九千一百歐元，相當於新台幣一百五十二萬元。

這一百五十萬元，換的不只是料理的功夫，更是其背後還有一套悠久歷史傳承至今的美食文化。

三、產地特殊的食材

法國料理講究使用法國本地獨特的食材，為了做到位的法式美食，許多食材都得要千里迢迢坐飛機，所以在法國之外的法式餐廳常比法國更高價。而歐洲人心目中的三大珍饈食材——鵝肝、松露、魚子醬，前兩項就是由法國獨占鰲頭，而且也幾乎是法國獨占。鵝肝法國產量佔全球八成以上，而這只夠供應全球餐廳八%的需求。與松樹無關的松露，這個字源自法國普羅旺斯方言，其實是一種蕈類，被法國美食家稱之為「廚房裡的鑽石」。最高級的黑松露也是法國獨產，價錢比其他國家的松露高上數倍。

也因為食材獨特又稀有，加上所有講究的細節，一頓法式高級料理，貴得的確有其道理。

巴黎路易十三客棧主廚進貨 ©郭政彰

法國料理點菜原則

想單點（à la Carte）法國菜，就要先認識重要的法文及英文單字，但菜單千變萬化，想避免點錯菜，就得多開口請教侍者。

文・游惠玲

亞都麗緻大飯店餐飲部服務協理柳信郎分享點菜原則：翻開菜單，頭一個看到的法文單字菜名，就是主要食材，旁邊的英文則是針對食材的做法及醬汁做介紹，點菜時須從「前菜」、「主菜」及「甜點」三大項中做選擇，每項不限一道，可依自己的食量決定數量。

如果當天主菜想選擇「牛肉」（Le Boeuf），那麼菜單上就有肋眼和牛（wagyu）、烤腹肉牛排（L'onglet）及韃靼生牛肉（steak tartar）等三種選擇，部位及做法完全不同，不敢吃生牛肉的人就要避免生牛肉。至於前菜，柳信郎建議可以避開紅肉，選擇口味較為清爽的海鮮類，像是干貝（Les Saint-Jacques）或是龍蝦（Le Homard），在主菜之後，還可以點一道乳酪（Les Fromages），最後甜點可以嘗試經典法式舒芙蕾（Le Soufflé），這道甜點在菜單上還附上了雪泥（Sorbet），等於有兩種口味品嘗。

若是主菜嘗試魚類，則有日式鯛魚（L'amadai）、鱸魚（Le Bar）等選擇，前菜則可品嘗冷菜火腿（Le Jambon Iberico De Bellota）或是溫熱柔嫩的小牛胸腺（Le Ris de Veau）等肉品，或是選擇其他海鮮類也相當合適。如果季節對了，菜單上會有溫煮的生蠔（L'huitre），柳信郎也相當推薦，接著可以再喝道熱湯暖胃。在魚料理之後，還可以多點一道白肉鵪鶉（La Caille），最後再以甜點做結尾。

決定菜單之後，則可以請專業侍酒師推薦搭配菜色的葡萄酒，為菜色加分。若翻開菜單真的不知從何點起，柳信郎提醒，多數的法國精緻料理餐廳都有已經設計好的品嘗菜單（Tasting Menu），也就是主廚的精選搭配，菜單會依照季節做變化，就不必煩惱菜單該如何搭配了。

【帶路專家】

柳信郎

亞都麗緻大飯店餐飲部服務協理，年資超過二十年。被美食家韓良露等人點名為全台最道地的法式服務生。

©郭政彰

美食聖經不只米其林

為什麼法國人美食評鑑的威力，
能影響全世界優質的餐廳的營運，甚至廚師生死？

文・盧怡安

世界最具影響力的美食評鑑在法國。是法國人，說服了全世界使用美食評鑑，被認為是發掘極致美食最有效率的方法。然而真正了解法國文化，會發現美食指南極多，隨處書店都可見四、五十本，各有著重、專業的部分，與立場、態度的差異。換句話說，他們堅信：沒有誰是唯一聖經的道理。

《米其林指南》（*Guide Michelin*）和《高特與米洛》（*Gault & Millau*）是最重要的兩本指南，《小靴子美食》（*Le Bottin Gourmand*）則是第三名，都具有長年的信譽。前者最知名，發行量最大與最廣，一年有七十國、一千八百萬人埋單《米其林指南》的看法。一九六六年曾有另一法國廚師因米其林星等降級而自殺。不只如此，《高特與米洛》也曾經因降低評等，造成廚師飲彈自盡。

不同美食指南，各有其特色。消費者先要了解指南編纂時的出發點、個性，再加上親身體驗。如此，才能建立起自己的美食品味。

©呂恩賜

Guide Michelin：三星制評鑑

原為米其林輪胎公司一九〇〇年起為顧客駕車旅遊所製作的美食指南，創立為世人熟知的三星制評鑑，嚴格謹慎。原始標準為指派美食方面不同領域的專業人士，如水晶杯專家、刀叉專家、牛肉專家暗訪，長時間觀察後決定評等。過去經常有觀察十年以上才列星級的紀錄。直到二〇〇八年起才開放標準，始有較多甫開幕的新餐廳、年紀輕輕的主廚入榜。也開始重視法國本土以外，追求法式料理精神的海外餐廳，促成米其林指南的國際化，至今有二十多個國家列入範圍。

特色

資訊翔實。例如能不能刷卡、車位有多少、座位有多少個。

著重

主廚的經典傳統料理。文字描述不多，平鋪直敘不加文學修飾。態度謹慎，給予評等或摘除星級通常都速度不快。法國本土版仍較海外版受信賴。

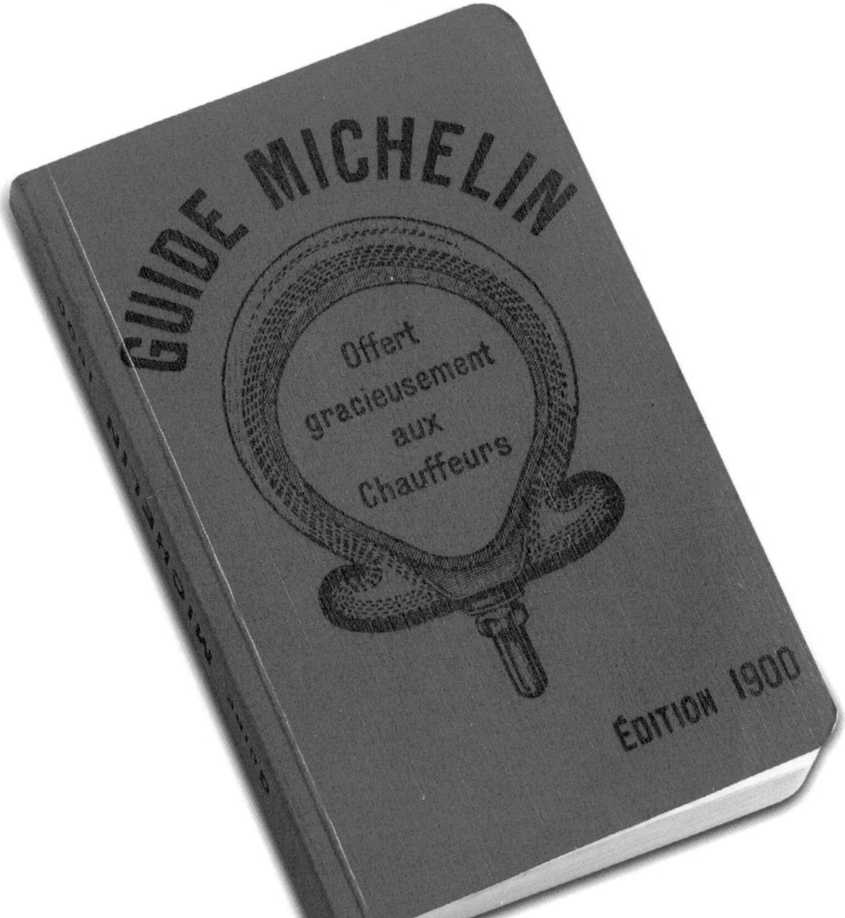
GUIDE MICHELIN
Offert
gracieusement
aux
Chauffeurs
ÉDITION 1900
©陳炳勳

Gault and Millau：善於預測未來新星

一九七三年法國新派料理風潮崛起時，兩位記者聯名創立的指南。為改善指南本身沒有閱讀樂趣的缺點，文字描述力豐富，例如主廚的笑容或身材若有特點，都會納入介紹中的一行字，成為具臥遊與閱讀性的經典指南書。

■ 特色

詩一般的文風，短短兩百字內趣味盎然，常有挑釁、有欣慰等不同情緒。

■ 著重

創新性的料理，細心觀察主廚當代的詮釋力，預測未來新星的能力更勝米其林。

Le Bottin Gourmand：最方便攜帶

■ 特色

城市旅客容易攜帶與閱讀的小巧指南。特色是會針對使用顧客，細分成親子餐廳指南、商務餐廳指南，不像其他重量級指南那麼有重量，方便攜帶。

■ 著重

全面性的餐廳介紹，不獨鍾法式料理。例如巴黎的阿拉伯茶館、中式餐廳，都在介紹之列，也較適合觀光客。

©呂恩賜

©呂恩賜

鄉村菜 美味的原點

法國鄉村菜是高級料理的原點，
譬如馬賽魚村粗獷的魚湯，現為國際宴客的經典菜式。
《哈利波特》第四冊情節中，將它描述為宴請貴賓的名菜。

文・盧怡安

紅酒燴牛肉、橙汁鴨胸、油封鴨腿……每一座大城市，精緻高級餐廳中一定有法式料理，法式高級料理，是歐式料理精髓中的精髓。

法式高級料理的背後支柱，卻來自最樸實的鄉村。

法國名廚保羅包庫斯（Paul Bocuse）的一生，能說明法國鄉村菜有多麼重要。

他是米其林指南史上得過最多「三顆星」的廚師。一九七〇年代起，以他為首的「新派料理」廚師們致力改良法國菜，法國菜從原本豐厚香醇、湯汁很多，轉變為你可能很熟悉的國際法式料理面貌：大盤子盛小盤子、小盤子盛更少分量的菜餚；醬汁不多，但像水彩一樣塗於盤面。並融合日式料理的呈現手法和食材等等，國際接受度霎時提高。

然而這些高級精緻的法式料理，無論如何創新，最終，他們發現，仍要回到鄉村菜的精神：以酒入菜、保留原汁原味、用當地盛產的食材等等，最傳統的觀念，才能感動人心。

後來，保羅包庫斯反璞歸真，回到法國菜的最原點。

現在，翻開他的菜單，一定還是最古典的布根地蝸牛、黑松露湯，以及布列斯雞等不變的鄉村菜式。雖然平凡，卻還是能讓最不屑米其林虛名的美食家們俯首。

因此，想要了解高級法國料理為何傑出，懂得法國各區鄉村菜的美味秘訣，與當地文化下所衍生的飲食觀，你就會豁然開朗。

鄉村菜代表菜色

1 布根地（Burgundy）

■ 飲食觀：以酒入菜

布根地跟法國其他地區一樣都生產葡萄酒，但更強調小農特色，不以量產為重心，只在乎精緻而獨到，一輩子只求做好一件事。那份對自家酒獨一無二的強烈自信，釀就了他們比誰都強調要以酒入菜的精神。

無論牛肉、燉雞，或是當地盛產出了名的蝸牛，對他們來說，絕對都要注入紅酒才對味。

【帶路專家】
彭怡平
學歷：巴黎索爾本第一大學電影電視系博士先修班
經歷：巴黎長駐藝術家、《法國食品協會》專欄作家
著作：《名廚的畫像》、《安格爾的小提琴》
現職：攝影藝術家、《風雅堂》藝術總監
延伸閱讀：《隱藏的美味》，彭怡平著，商周出版。

代表菜色：紅酒燴牛肉

清清淡淡的可不行，這道菜傳統應該是濃郁熾烈到不行。大量的奶油與麵粉炒過，半筋半肉的牛，小火燉熬，醬汁是一點一點收進牛肉塊裡去的，帶著甘甜甘鹹之味。通常略顯油膩，而與紅蘿蔔、洋蔥等配菜，及搭略帶酸澀的紅酒，達成一種平衡。

©呂恩賜

2 里昂（Lyon）

■ **飲食觀：吃得精巧**

里昂是法國的胃，不僅位置居中，也是米其林星級餐廳最密集的地方。這裡聚集法國最多企業新富，他們的嗜好是追求文化與享受美食，沒事就供養個廚師。這裡亦是保守傳統美食的重鎮，食物精巧費工者多，尤其是處理麻煩的內臟、填餡料理最出名：豬雜香腸、鑲豬耳朵等非華貴菜色，亦為饕客之獵。

■ **代表菜色：士兵的圍裙（牛肚鍋）**

大戰中的平民料理。由來一說是熱愛美食的里昂駐地軍官，太喜歡這道菜，命著軍裝的士兵圍上圍裙，隨時烹煮上菜。即牛肚、牛雜以酒煨過，既要軟爛又要帶嫩，果凍般的口感最恰當。內臟味通常不以香料去壓制，而呈現其原味，是非常有法國料理精神的特色。

3 西南部（土魯斯城 Toulouse）

■ **飲食觀：追求粗獷的原味**

西南部過去是法國貴族常去獵場。因此長久以來，禽鳥、蕈菇等野味，包括法國常見的鴨，是這裡的最有名。獵季吃的菜講究保存野味、不講究細工，傳統西南部當地人的烹煮法也都比較單純：就是用砂鍋直接燉煮保留原汁原味。手法雖簡單粗獷卻須耐心，等待不加矯飾的鄉村原味。

■ **代表菜色：油封鴨**

非常典型的法國代表菜，來自加斯柯尼（Gascony）。用鹽、鴨油或鵝油、蒜頭冷藏一天以上，保留鴨的原味。這個醃漬過程就是油封。醃漬的法文Confit音譯接近「功夫」，因此也有人稱功夫鴨腿。去鹽後略煎或烤，鴨子會非常軟嫩有味，應充分品嘗它禽類的鮮香。

4 亞爾薩斯（Région Alsace）

■ **飲食觀：大塊肉大口燒酒**

當地人生活最大的快樂，就是吃得飽又吃得好。他們的俗話說：要快樂八天，就去結婚；要快樂一個月，就宰一頭豬吧。豬為主的地產，加上地接日耳曼民族、曾被德國統治過，飲食菜式類似。酒亦以在紅酒裡加入橘子皮和肉桂、八角、李子果肉丁，又苦又甜，辛辣濃郁的大杯燒酒為特色。

■ **代表菜色：酸白菜豬腳**

亞爾薩斯地區典型口味是，極酸的甘藍菜絲，配上極鹹的肉。豬腳要烤得味道濃郁而口味重。留意講究的豬腳盤中，通常有一塊肥豬臘肉，是用來燴出鮮味的（不是用來吃的），提點出鹹味中的甘甜。

5 普羅旺斯（Provence）

■ **飲食觀：熱情、創新；香料入菜**

地處南法，長久以來是法國境內民族融合得最厲害的一區，受義大利文化、阿拉伯民族、非洲移民等影響，造就菜色新穎不拘泥的態度，及多國民族都擅長使用的香料入菜。醬汁較少、做法較簡單，使用橄欖油與香料為底；蔬菜較多、色彩也較繽紛，如尼斯沙拉、香料燉菜。

■ **代表菜色：馬賽魚湯**

港口漁夫以當日漁獲燉煮攪碎的豪快料理。魚的種類混雜，通常都是最低下、賣不出去者，但講究的是其絕對新鮮。傳統上煮得略鹹，用來補充勞力者揮發的汗水。流行到城市中後精緻化，會附上微辣的紅椒美乃滋、乳酪絲和薄脆麵包片，配料都適合放在麵包片上食用，不宜放入湯中。

馬賽漁夫鍋 ©亞都麗緻大飯店

法國廚神與道地料理精神

法國廚神最了不起的品味，是用現代化手法，與過去接軌，讓人重拾傳統的美味。

文・盧怡安

正因為習於瘋狂「味道連連看」的遊戲，造就不少廚師奇特的靈感和創作。法國廚神Alain Ducasse就是絕佳的例子。他根據傳統而又變化出新的蘭姆巴巴甜點，實在是無人能及。

Alain Ducasse最了不起的地方，不是花稍的食材、前衛的做法，或是華麗的排場，而是擅長詮釋最老掉牙的傳統，加以現代化，與過去接軌，讓人重拾傳統的美味，以及讓陳舊的小館子復活。

例如，他旗下兩家餐廳在拿下米其林三星的評價後，買下兩間巴黎很有歷史，卻瀕臨倒閉的小館子：Benoit和Aux Lyonnais。後者看不到什麼新花招，全是傳統里昂菜系，專營燉牛羊肚、扁豆沙鍋、胡蘿蔔燉牛頰等等菜色，但改良過於濃重的味道，用現代人能夠接受的鮮爽口味傳承世代。他並花了許多心力整修，讓巴黎人重新發現這兩間近百年歷史餐館的拼貼磁磚、仿火車車廂掛衣架、原木鑲錫邊的古老吧台等等，有價值的細節。現在Benoit拿到米其林一星評價，Aux Lyonnais則是要兩天前預訂的排隊小店。

這位廚神當年為摩納哥王室婚禮制定的菜單，更清楚的表達出他的精神：沒有炫人出奇的菜色，除了一般的地中海傳統菜色，如摩納哥小點心、紅漿果奶酪等等，其他強調的都是當地的食材，附近農家的奶酪蔬果，摩納哥近海海鮮。沒有鵝肝、松露或魚子醬。新鮮、當地、道地，這才是法國菜品味的真諦。

法式小館子對於演繹「尊重傳統並具開放的味蕾」這樣的法國品味，或許比某些米其林幾星的餐廳要來得傑出。

有些迷思必須先打破：法國的餐廳不見得都貴，也不是只有米其林餐廳值得拜訪。

首先，法國市面的美食指南達二、三十種，米其林不是唯一，其它還有Gault & Millau、Fooding、Eat & Out Paris，知名度和參考性並不輸給它。且這幾年米其林所引起的爭議越來越大，將這些指南合併參考是降低踩到地雷的最佳方式。

其次，米其林也不是只介紹高級餐廳，它也推薦小館子，指南上有人頭標示的Bib Gourmand，表示價廉物美，而且多半很有特色。這些法國的小館子，更能代表法國料理的精髓：認真的廚師可能每天上市場採購當地最新鮮的食材，雖不像星級餐廳透過品質絕佳的養殖業者送來，但新鮮度和選擇性

【法國廚神】

Alain Ducasse

一九五六年生，首位在三國所設餐廳，都拿下米其林三星的主廚；二〇一〇年旗下餐廳共計得到十九顆米其林星星。事業橫跨多國，包含摩納哥的Le Louis XV，米其林三星的Alain Ducasse同名餐廳系列，及小酒館Benoit系列等。也開設學校、著書、及擔任顧問。

更自主。正因為沒有星級餐廳的包袱，可以自由挑選水準高但知名度不怎麼樣的小酒莊或乳酪，推薦給客人；就採買到的少量高品質食材，即興創作。

通常那些「端不上檯面」的道地食材，像是小牛肝、羊腦、豬鼻子、小牛頭，燉扁豆沙鍋、普羅旺斯燉蔬菜等等，反而在小館子容易吃到。法國大廚的創意作品，也經常是演變自這些傳統的家常菜。

錯過這些小館子料理，也就失去對法國料理基底的認識，只能停留在膚淺的表面。

就新鮮、當地和道地的法國料理精神來說，好的小館子主廚都能較自由的放膽追求，而無遜於任何星級廚師。從客人的角度來看，也吃得較輕鬆自在。銀製餐具與水晶杯，固然是提升品嘗好菜好酒的條件；但放鬆心情無拘無束，未嘗不是享受美食的必備。

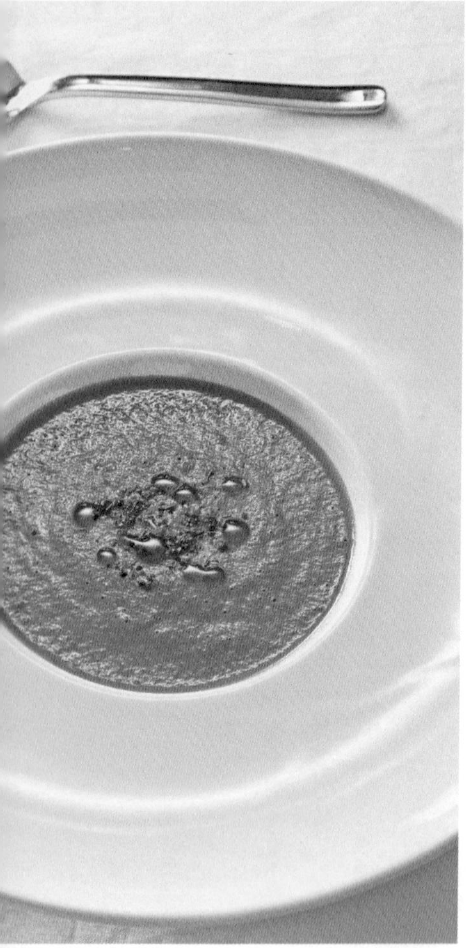

©呂恩賜

©呂恩賜

蘭姆巴巴

一種傳統到不行的老式甜點：圓錐型的鬆糕，浸或淋上糖水後，加上蘭姆酒，最後點綴鮮奶油。光看材料就知道這甜點熱量多高、味道多膩。但Alain Ducasse竟想出用陳年上好的雅馬邑（Armagnac）＊，取代酒精味濃重強悍的蘭姆酒，把滋味推向芳香醇美的那一頭。更厲害的是打出口感細膩清爽的鮮奶油，將新的搭配夥伴們，包融在醇香不膩的奶味中。

＊雅馬邑，一種根據法國法令規定生產的高級白蘭地。必須是在上雅馬邑區（Haut-Armagnac）、特那瑞茲區（Tenareze）、下雅馬邑區（Bas-Armagnac）三地當地生產的葡萄、當地釀製、使用當地橡木桶，用傳統方法貯存四年半以上。

風味篇

巴黎Ladurée ©郭政彰

法國人的食之品味

各有千秋的特色食材與醬汁，牽動料理滋味。

文・盧怡安

小牛頭盛傳是法國前總統席哈克的最愛。雖然席哈克並非美食家，這道菜多半也被認為是上不了檯面的鄉村料理，但就是令人好奇什麼樣的滋味能讓一國元首愛上？原來小牛頭並非把一顆牛頭端上桌，而是煮熟後，將膠質剔下，佐以酒醋和芥茉醬汁。對於陌生的材料、形狀、氣味，難免有心理障礙，這很正常，但一口吃下，好吃嗎？不難吃，接近台灣軟Q的豬腳嚼感。由此會更了解法國文化中對其處理的態度、手法與滋味。

法國有種說法：適合品嘗法國生蠔的月份，是九月到隔年三月；松露則是十一月至隔年二、三月，滋味最豐富強烈，其餘時間不是較平凡的夏季松露，就是罐頭或冷凍品。冬季除了松露還包括龍蝦、螯蝦和肥鵝、鴨肝。三月春季則是綠蘆筍先出現，再來是白蘆筍，從南法普羅旺斯一路往北經羅亞爾河谷推至亞爾薩斯，料理絕對是跟著產期推出。春季肉品珍饈則是小牛、小牛胸腺和羔羊等。

料理中不可或缺的要角

醬汁是法國菜的精華所在，也最考驗主廚功力。它說穿了，就是一種濃縮高湯。廚師如何將湯汁濃縮到不偏不倚的稠度，又完全掌握恰到好的鹹酸苦甜，沒有多年的經驗與熟練是做不到的。

品嘗醬汁有點像品酒，留意它入口著舌時的力道，均衡與否，層次變化，圓潤或油膩，餘味尾韻悠長與否。趁味蕾尚未跟其他材料混合前，最能嘗出醬汁奧妙。但醬汁為了搭配材料，單嘗過重、過鹹，以一小口麵包沾著吃，是非常法國人的吃法。甚至吃完整盤後，用麵包擦盤，將剩餘醬汁揩淨對主廚或請客的主人是種尊敬。

法國南部Callas小村有家偏僻的餐廳L'Hostellerie Les Gorges des Pennafort，主廚在醬汁上功夫非常深厚，讓人佩服。一道野菇鱸魚佐肉醬汁，醬汁表面如鏡面，光可鑑人。不必品嘗就知道這個醬汁不是凡品。因為只有真正將湯汁濃縮至此的，而非以麵粉奶油或是其他方式取巧的醬汁才能有這種效果。

好醬汁只要一點點，你可以感受到鹹味不是死鹹呆滯，甜味也不是重膩沉厚，複雜而有變化是上乘醬汁的高明之處。你可以清晰感受某些重要材料在其中的角色（如酒的單寧，香料的氣味，膠質的柔滑），如一場表演藝術，只是這種經驗僅在個人味蕾上展現，非常私密。

另一個完全不同的是馬賽三星餐廳小尼斯（La Petite Nice）。主廚的招牌作品「露西鱸魚」（Bar de Lucie），醬汁不是濃縮湯汁，而是橄欖油、檸檬汁、鼠尾草、巴西利葉等普羅旺斯香草組成。每一種材料的香味滋味都明亮清晰，在味蕾上層層釋出，最後又收於圓融合諧。妙處在於各種當地材料的新鮮品質，和彼此間精準的比例：檸檬清香酸爽，橄欖油輕盈圓潤，巴西利與鼠尾草的強悍。很難想像要找到這個完美比例該花多少工夫。

欣賞盤飾佳餚的藝術

文・盧怡安

如果你在高級餐廳，則菜餚上桌，不要立刻動口，因為盤飾是高級法國料理刀工、技術與設計的高度結合，也是讓頂級法國料理迥異於其他料理的重要特質：藝術性。

欣賞盤飾設計後，建議仔細看菜的結構、食材切割的方式、雕琢疊砌的形式……。比如有位廚師的鴨肝鑲乳鴿，整隻乳鴿成一球圓狀，看不到鴿子脖子和尾端的縫線痕跡，技巧極高。也曾看過黃色鴨肝濃湯中潛伏兩尾鮮紅的小龍蝦，上覆蓋一片綠葉，宛如一幅池塘繪畫。遇上這樣的作品，若是錯過欣賞就可惜了。

七類乳酪 品嘗法國美食傳統

為什麼發酸又發臭的奶製品——乳酪，六千年來不間斷為人所熱愛？

文・盧怡安
攝影・呂恩賜

人類史上第一位詳細分析美食學的專家、法國美食家布利亞・薩瓦蘭（Brillat Savarin，一七五五—一八二六，著有《味覺的生理學》）曾說：「沒有乳酪的甜點，就像缺了一隻眼睛的少女。」法國有一款超市常見的乳酪，甚至取名為Caprice des dieux，意思是上帝為了吃到此乳酪都不惜鬧脾氣、耍任性。

乳酪，不就是發酸與發臭的奶製品，為什麼，從六千年前出現在埃及壁畫至今，人們以追求與享受其中差異為樂？

因為自古以來，只要以最簡單易得的羊乳、牛奶，經過發酵處理，竟可變化出核桃、水果、草味、酒味，甚至辛辣味等多變豐富的味道。隔一村的乳酪，就可能是天差地別的滋味。全球約有兩千多種不同的乳酪，是世界上唯一能與葡萄酒並駕齊驅，單一品項能表現各地風土差異的品味代表。

因此，乳酪不是你所定位的：只是配菜，在西方文化中，是可以單吃品嘗的主角。如同甜點，是主菜之後的一道選擇。

法國對乳酪講究細節的程度，是世界最高。就像其葡萄酒，法國乳酪多數要經過產地認證，並標榜等級和不同窖別之分。單是經過認證者就有五百多種，一天吃一種，一年都品嘗不完。特殊地區的手工乳酪，如某座山的某時期產乳，透過知名熟成師手筆，其珍貴程度，與法國名酒莊特殊年份紅酒，不相上下。懂得品嘗乳酪，也能享受如飲葡萄酒般的幸福感。

品嘗乳酪的基本要訣

首先，請不用嘗試加料、煙燻，或任何加工過的乳酪。光品嘗世界兩千種不同的天然乳酪，比較其風味都來不及了，加工乳酪是次等選擇。

其次，單嘗乳酪是基本態度。不要配著加了很多牛奶的吐司，也請排除味道豐富的餅乾。同樣來自大自然未過度加工的裸麥麵包，或白酒，是基本搭檔，但也要避免口味太甜者。

第三，要吃時才處理。乳酪是活的，因此保存是大學問。要品嘗時買一小部分，並到上桌前才切開是基本概念。最忌諱未上桌便切成小丁擺著，細微的風味可能被破壞或轉變。品嘗時，可先以小指頭大小開始嘗試，藍紋乳酪則從綠豆大開始，皆不容易出錯。

第四，搭配酒的原則很簡單：清淡者配清淡酒，濃郁者配濃郁酒，地方產乳酪配該地方酒，都是天律。而白酒比紅酒更適合搭配乳酪。其背後學問一則為單寧較弱，較不會削減乳酪某些幽微的氣味；二則為白酒的酸度，就好像吃新鮮的魚擠上一點檸檬汁可以提味一樣，能提振乳酪中的鮮爽度，尤以山羊乳酪搭白酒最經典。脂肪高者則可搭氣泡酒去膩。

第五，優先選擇能夠代表鄉村風土條件者，選生乳製（標示「unpasteurized」）而非殺菌奶（一般市售真空包裝者），多選清楚標明某地窖存、季節限定款的法國乳酪來嘗試。比較值得一提的是，台灣人較難接受的洗式乳酪和藍紋乳酪，雖然臭、賣相不佳，卻是乳酪品嘗家的終極目標。

各類乳酪品嘗重點與推薦款式

歐洲多數國家都有自己的乳酪，法國乳酪勝在種類繁複多樣，口味和做法都多到不勝枚舉。而他們就像用保護絕種動物般的態度，在保存傳統美食遺產。法國乳酪也像美酒，有ＡＯＣ產地制度嚴格的規定，像是幾平方公里內裡該養幾頭牛，該在什麼季節用什麼手法和道具生產乳酪，都神聖不可侵犯到近乎固執。

許多半官方組織努力蒐集探訪快消失的乳酪做法，一個很有代表性的例子

【帶路專家】
許昭晶
學歷：東吳大學歷史系
經歷：法國熱昂大學餐旅觀光高等學院商務觀光企業管理碩士
現職：法國食品協會專案經理

©呂恩賜

是Rocamadour。這款山羊乳酪，產自法國西南部同名小村，因為手法繁複、價格昂貴，二十年前幾乎絕跡。但經過奔走努力，現在復活成為地方無可取代的特產。在全球同質化嚴重的影響下，法國人對於古老的做法仍尊重崇敬，並為境內四、五百種之多的乳酪，多保留那麼一種而感到驕傲。

1 藍紋乳酪——有「油花」的嗆辣乳酪

食物發黴不就是壞掉了嗎？這種以藍黴菌種發酵而成，卻是乳酪之王，價格可以比其他乳酪高出十倍。口味為鹽分高、發黴處味道重、嗆，非常強烈。

價格與價值來自於對製造方式、菌種的講究，即使是同一種做法的乳酪，因為細部手法、環境的不同，各地風味差異在七大乳酪類別中最顯著。多嘗百家是品味它的最好方法。注意同一種乳酪的不同等級、黴花分布（有點像欣賞牛肉的油花），更進階者可講究不同地窖的風味。

霍克福（Roquefort）

與義大利的戈根佐拉（Gorgonzola）、英國的史帝頓（Stilton）等產區，並稱世界三大藍紋乳酪。初識口味刺激辛辣，但仔細品嘗便會發現羊乳的細緻甜美，再混合細膩的藍黴氣味分子擴散開來，絕配。相傳為牧羊人為心儀女孩追出去，而將手中吃的乳酪遺落在山洞，發黴而成。若非充滿水氣卻又通風陰

AOC（Appellation d'origine contrôlée）

意指法國政府部門對葡萄酒、乳酪、奶油及其他農產品提供的地理標示認證，證明該產品是符合當地傳統的手法、產地和規矩生產而成的，並不是所有在當地生產的同類產品都能掛上認證。

霍克福（Roquefort）

涼、兩全其美的奇特石灰岩洞地形，無法造就這款口感對比的乳酪之王。

2 洗式乳酪——嘗得到酒香與木香

這是乍看賣相極差，個性卻非常明顯的乳酪。因為在發酵階段，不斷用鹽水或其他配方如酒或酒渣，洗刷表面，發酵後氣味很強烈。但其實入口滋味溫和、鹹臭中帶著令人上癮的香氣。熟成度高為優，即保存得越久、每週洗浸，風味因此增加。雖然外形益顯軟爛、幾不成形，然而比剛熟成、剛做好僅有淡淡乳味者，增加了各種細緻風味：窖味、草味、木味及酒香，可自己慢慢體會發掘。

艾波絲（Époisses）

大小適中的圓形洗式乳酪，堪稱洗式之王，有豐富的酒香。洗的過程用了鹽水、渣釀葡萄酒、蒸餾酒等手續繁複，因此曾兩度消失於市面。但滋味濃重易上癮，受擁護者愛戴再度復活。熟成度高者，已分解化開但十分濃稠，可用湯匙舀來吃。

3 硬質乳酪——水果、蜂蜜與榛果香氣濃縮

體積最大的乳酪，常見於高山地區，為貯糧而做。水分最少、變化最少，

艾波絲（Époisses）

需要的熟成期間最長，但美味濃縮後，會有水果甜香、榛果香氣等，完全昇華成不同滋味。至少品嘗熟成十二個月以上者，風味比較集中。二十四個月者更佳。

孔德（Comté）

法國內產量最大的國民乳酪，可用於沙拉、焗烤、三明治或單吃。容易使用也易入口，卻不失高雅質感：帶有堅果類的香味，熟成二十四個月以上者，味道豐醇到有山中水果之稱。

柏堡（Beaufort）

有乳酪界王子之稱。由於使用大量牛乳，口味高貴典雅，高度熟成後有豐富的蜂蜜甘味。更有趣的是，春夏之際，牛隻到高山吃草時產的奶，乳脂更豐厚，海拔高的新鮮牧草又乾淨，所製季節限定版「Beaufort d'Alpage」更濃，顏色更深，味道也更集中。

4 半硬質乳酪——有故事的溫和乳酪

具有有趣由來故事的乳酪。半硬質是口感最溫和的乳酪種類，滋味多半差異不大，最容易為人接受，通常都有地方流傳的由來，引人入勝。

莫比耶（Morbier）

代表農家手工自製精神的一款乳酪，口味溫和，特色是中間有一條黑線。

孔德（Comté）

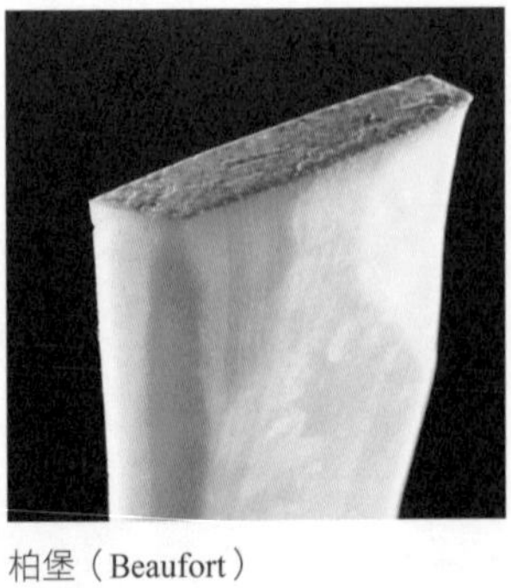

柏堡（Beaufort）

由來故事是：本產於侏儸山，和常見的孔德乳酪同一產區。但天冷積雪過深，無法運下山出售，乳量又不夠，只好先做一半，用食用炭粉掩蓋後，等隔日一批乳再製另一半，因此中間有一條炭色黑線。

莫比耶（Morbier）

5 羊乳酪——細膩的大自然花香

出人意料的，腥味多數並不會像新鮮羊奶般明顯。因為乳脂較低，風味清淡、溫和，但是多變，包括花香、清爽悠長的酸味，足讓人細細品嘗其細膩的香味，和留在口中的氣味。

巴儂（Banon）

法國普羅旺斯地區的代表性乳酪，包在小栗子葉裡的山羊乳酪。整體清爽宜夏天吃。因浸過白蘭地，除了有淡淡的白蘭地酒香之外，熟成度高的呈乳霜狀，還有白花類的清香，充滿大自然的氣息。

6 新鮮乳酪——更勝優格的微酸清爽

這是未完全發酵的乳酪種類，看起來很像優格。但是不刺激而帶著乳水奶味的清新酸味，令多數人都更樂意接受。比較不同品牌、來源地的新鮮乳酪，酸度和奶味之間不同的平衡方程式，會是很大的樂趣。

奶油乳酪（Cream Cheese）

非常常見的乳酪款式。有分甜點、料理使用或食用款，較建議選後者單獨嘗試。

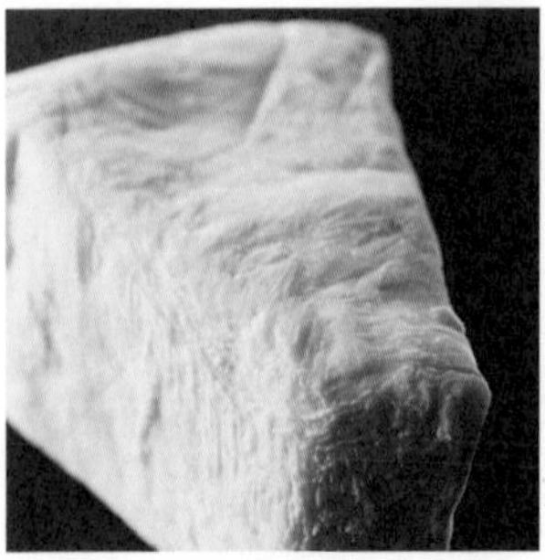

奶油乳酪（Cream Cheese）

巴儂（Banon）

白乳酪（Fromage Blanc）

介於優格與鮮奶油之間的口感，濃郁度和酸度也在其間，十分清爽卻有型。

7 白黴乳酪——細緻悠長的發酵香味

喜歡乳酪的人，就像喜歡臭豆腐一樣，鍾愛那種阿摩尼亞味。經由覆蓋白黴發酵而成的乳酪，這種阿摩尼亞「香」就很濃郁。

然而，懂得品嘗有無產地認證的白黴乳酪，差異很大。有認證者發酵手法多半較繁複細緻，使阿摩尼亞發酵味，感覺較細緻悠長，也容易接受，進而能感受其內風味變化。

相反的，沒有認證者過與不及：一則味道衝鼻而來，較刺激；又或只有淡淡奶味，而無個性。

諾曼第的卡門貝爾（Camembert de Normandie）

法國出口量第一、世人最耳熟能詳的白黴乳酪。

一般款容易入口，有很溫和清淡的奶味；但具產地認證款者，包括生乳、製程和保存用的木箱都有詳細規定，成果變得濃郁具阿摩尼亞味，和一般款差異極大，可逐步嘗試。

白乳酪（Fromage Blanc）

諾曼第的卡門貝爾
（Camembert de Normandie）

經產地認證的布里（Brie）

有產地認證的布里，熟成工夫與時間均下得夠，因此發酵味的尾韻會較濃厚。吞下去之後，能感覺仍有一股奶與發酵香氣留在鼻腔、口腔，回味無窮。

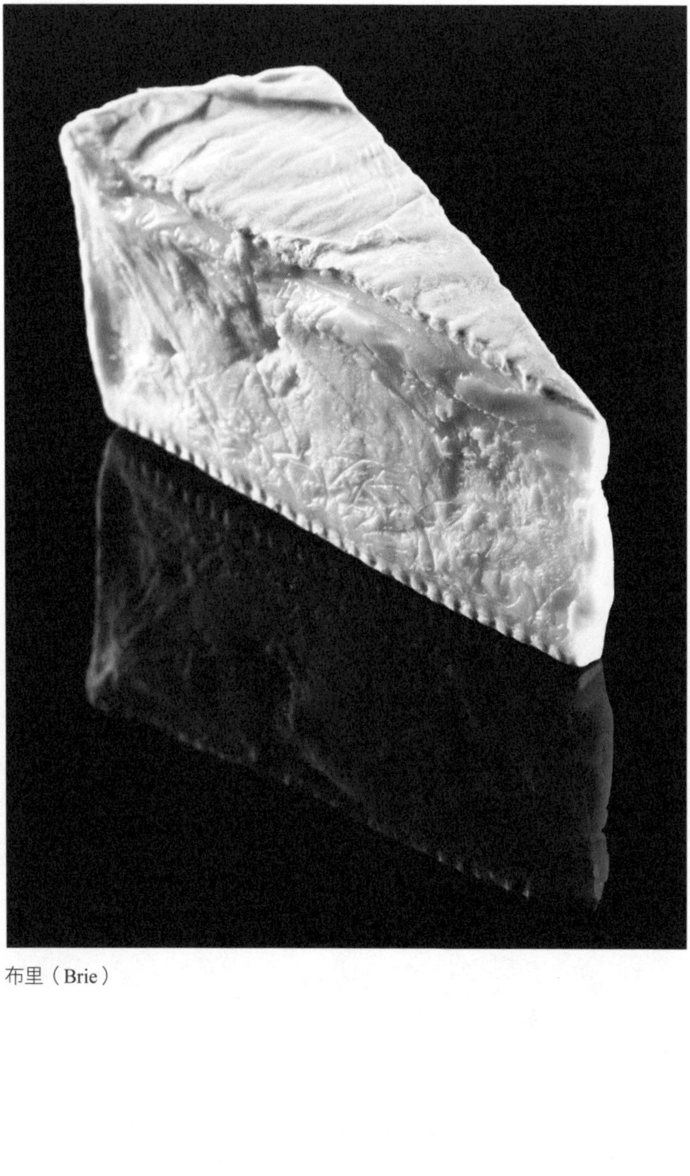

布里（Brie）

©郭政彰

甜點 巴黎人的另類珠寶

法國人將傳承自義大利的傳統甜點，運用創意變化出與眾不同的性格。

文・盧怡安

中國人的飲食文化中，甜品不是重點，但西方不同。這是有淵源。幾千年以來，歐洲因為冷，無法生產熱帶的甘蔗，糖要仰賴進口，是稀有而珍貴。究竟有多珍貴？從一本小說的情節描述可知，某位牧師做客喝咖啡時，在杯子裡多放三瓢糖，竟被主人惡狠狠地瞪著。由此可理解，長久以來，甜點不但是歐洲貴族才享受得起，更是階級象徵。簡言之，兩百年前的歐洲，僅有錢人家才會吃甜點，甜品種類的豐富性，因此不斷被發揚光大。雖然一八一二年，一位法國人從甜菜提煉糖的技術獲突破，讓歐洲有自產糖能力並普及化，糖不再高高在上。但甜品的特殊地位，已根深柢固於西方飲食文化，不可動搖。

法國人，更是讓甜品擁有獨立性格，法式傳統甜點的樣式，影響全世界。他們傳承自義大利，卻是真正書面建立製作標準的民族。自此，一位好的西式甜點師傅，無論發明什麼新式甜點，均源自於這些經典樣式，不偏離。

好甜點不可或缺的元素

關於甜點，名聲大的連鎖店到處可見，倒不表示品質多好。長居法國的美食家謝忠道較推薦以主廚為名的個人名店，如Pierre Hermè、Hugo & Victor、Jacques Genin、Carl Marletti、Gérard Mulot 等。重點在於甜點講究鮮度，這些個人式名店產量有限，控制新鮮度比連鎖店好很多，也不像連鎖店常用冷凍材料。甜點的新鮮度是最難掌控的，千層派放置幾小時就軟塌了，馬卡洪餅殼會變硬脆，水果派底下的派皮會被浸濕，以泡芙為主材料的閃電和巴黎布列斯特也禁不起長時間的摧殘。

法國餐廳甜點注重的是廚師的技巧和創意。星級餐廳的甜品，簡直精雕細琢如藝品，如兩星廚師Manuel Martinez現做的千層派，兩星主廚Jean-François Piège則每年將巧克力醬西洋梨推出一種新版本。

謝忠道認為最重要的一點是：慢慢享受用餐時光。其實就是老一代人說的：細嚼慢嚥。全面感受味道給予的愉悅，還有搭配酒試試看。

讓開放的心胸重新定義你的味覺，還有你的人生。

能做出嶄新創意的師傅，必對以下六種重要正統甜點瞭若指掌。

Pierre Hermè

一九六一年生，有「甜點界的畢卡索」之稱，創下最年輕法國年度甜點師（France's Pastry Chef of the Year）紀錄。二十四歲起擔任法國名店Fauchon的甜點主廚十一年，擅長處理細緻優雅的法國傳統甜點，細膩度高，所用材料與口味創新，最知名單品為馬卡洪。

©Pixabay

先了解這六種甜點，才能體會創意新潮法式甜點變化、突破的難易，以及感動人之處。

1 馬卡洪（Macaron）

講得出馬卡洪的道理，也懂得品嘗，就算修了法式甜點第一課。原為一七九一年義大利修道院僧侶發明，一七九九年由法國大革命時逃至法國南錫（Nancy）的修女引進。其材料之簡單：杏仁粉、糖與蛋白；成功關鍵卻極為複雜：溫度、濕度、時間、手勁、時機……。

馬卡洪製作的難度在於，做得好的，外觀有微弧度，非扁型；「裙襬」（指兩片外殼靠內處）須夠蓬，有點微凸。蛋白打發、烘乾後，氣衝不出去而從裙襬處發開，微凸出來的微妙程度，牽涉到烤溫、攪拌狀態和烘乾、靜置時間，最難。做好放兩天，比馬上端出去好，因為其靜置吸濕後的濕潤度和表面脆殼的對比，較剛好。

■ 欣賞重點

要欣賞其殼脆餡軟的細膩口感。餡可以千變萬化，但口感和外殼材料絕對不能動手腳。用代糖等其他材料，不夠甜，且殼的脆度完全不對了。此外，法國與義大利皆有蛋白霜，但有所差別。

馬卡洪 ©呂恩賜

義式蛋白霜易做

糖水煮到攝氏一百一十八度，倒入微發蛋白繼續打發，水分已經很少，因此不易失敗。但殼會較厚一點點，也較甜。法式蛋白霜直接用蛋白與糖打到堅挺，費工且易失敗。但殼更薄酥，脆皮只一點點，口感更細緻微妙。

2 水果塔（Tartelette）

法國最常見傳統甜點。多以檸檬塔、覆盆子、草莓等酸甜口味居多。

■ 欣賞重點

需又酸又甜，味濃重、馥郁，具有新鮮水果的香氣。應靠奶油和蛋的協調比例來凝結，不可用吉利丁取代。

3 瑪德蓮蛋糕（Madeleine）

歐盟「咖啡沙龍」文化交流（Café Europe）時，屢被法國選為國家代表的甜點，來自法國小鎮孔梅西（Commercy）的傳統點心。傳為斯坦尼斯公爵（Stanislas Leszczynski），路易十五的丈人晚宴間，蛋糕師傅負氣離去，一侍女瑪德蓮以母親配方所製甜點救急，後經路易十五夫人所愛廣為流傳。

瑪德蓮蛋糕 ©郭政彰

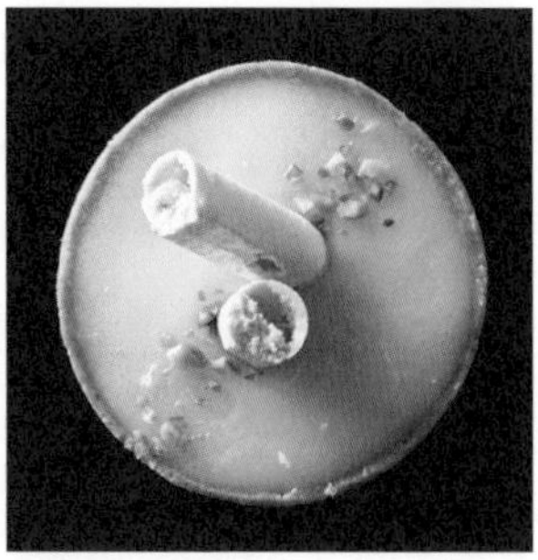

水果塔 ©呂恩賜

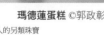

■ **欣賞重點**

欣賞其紮實感。太軟即無原本勁道，不算正統。其次，欣賞其凸起面，非貝殼紋面，才是行家，那是拿捏蓬鬆感的功力所在。

4 閃電泡芙（Éclair）

長形泡芙。由來一說指糖霜光亮像閃電，一說因內餡飽滿易漏，要像閃電般快吃。另一罕見說法與泡芙的發源地里昂有關，取其城市舊名Lugdunum（火神、電神）意譯來稱呼此里昂甜點。

■ **欣賞重點**

外觀除泡芙擠得漂亮與否，還包括表面糖要乾淨俐落、微亮。欣賞其厚皮感，非日式流行薄皮感。即內層還稍稍保留著麵糊的口感，而非通體薄脆，品嘗最佳在其冷藏後，口感更扎實。

5 歌劇院（Opéra）

重口味的杏仁蛋糕，夾咖啡奶油餡及巧克力醬。傳由一八九〇年開業的Dalloyau甜點店或六〇年代名廚雷諾（Gaston Lenôtre）所創，供赴歌劇院的貴族中場享用，長相似巴黎歌劇院。

【帶路專家】

簡純榮

經歷：二〇一一年法國里昂國際甜點大賽台灣代表隊領隊及比賽評審

現職：國賓飯店餐飲事業部甜點創意總監、甜點房總主廚

洪守成

經歷：L'etoile Patisserie高級甜點學校創辦人

現職：Season Cuisine Pâtissiartism創辦人

欣賞重點

因咖啡奶油醬本身沒水分，蛋糕體要抹大量咖啡酒至濕潤，整體入口才易融化開來。滑口感和咖啡好不好是重點，巧克力醬可以盡量表現其苦口，加奶油醬入口要協調成剛好。

閃電泡芙 ©呂恩賜

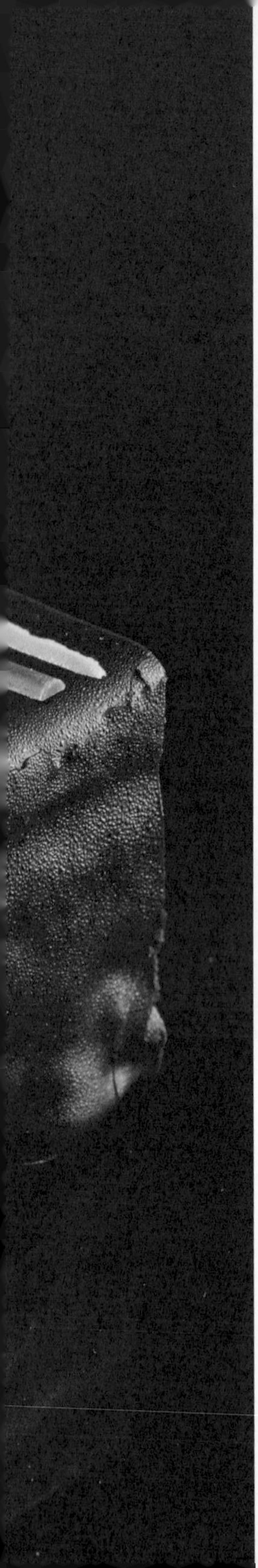

可露麗 ©呂恩賜

歌劇院 ©呂恩賜

6 可露麗（Canelé）

最古老的法式甜點之一。傳為十八世紀波爾多地區Annociades修道院內修女發明。特點是加蛋黃、不用蛋白，可能是波爾多傳統釀酒時，以蛋白泡濾酒，無用蛋黃留下利用而來。

■ 欣賞重點

皮要厚硬，內要軟，通體色調均勻。此三項標準，可檢查得出來是否用傳統受熱均勻的銅模，和能使表皮脆硬的蜂蠟澆淋而烤的。若只用奶油而無澆蜂蠟，外型像，但皮會薄脆不夠硬挺。在台灣室溫中三小時內為最佳賞味期。

《包法利夫人》一書中的美食

文・李光真

法國菜獨步全球，常被視為幸福的象徵。完成於一八五六年的法國名著《包法利夫人》（*Madame Bovary*）中，沙勒・包法利和妻子艾瑪的結婚盛宴，除了滿桌牛腰、子雞、羊腿、血腸的法式鄉村菜外，三層婚宴蛋糕的描繪，更令人見識到福婁貝（Gustave Flaubert，一八二一～一八八〇）這位寫實主義大師的功力：

「首先是底層。那是一塊方形的藍色硬紙板，形成一座有廊、有柱，四面有假漆雕像的廟宇，一些神龕裡滿布著金紙做成的星星。第二層是薩伏瓦餅做成的瞭望樓，四周是白芷、杏仁、葡萄乾，和四分之一橘子做成的小小碉堡。上層的平台是一片如茵芳草，草地上有磐石和果漿湖，以及核桃殼做的船。一個小愛神在巧克力做成的鞦韆上盪來盪去，兩根鞦韆柱子的頂端各為一朵天然玫瑰，做成圓圓的頂。」

華麗的蛋糕，看到法國精緻的品味，也象徵這對夫妻對幸福的想望；然而，用奶油糖漿雕鑿的幸福感注定要幻滅，《包法利夫人》最終的悲劇收場，早已在此埋下伏筆。

©呂恩賜

餐酒篇

©李明宜

藏在葡萄酒的風土密碼

葡萄酒是讓你享受法國美食的關鍵，
而泥土才是法國葡萄酒品的關鍵！

文・盧怡安

「法國是神的選國、上帝的廚房……法國人在廚房的優勢不是後天訓練或廚藝的作用，而是優於他人的『風土』造成的。」——法國廚神卡漢姆。

如果要選一種美食，最能傳達法國一代廚神的訓示，那葡萄酒無非就是那個代表！「風土」（terroir）這兩個字，濃縮了法國葡萄酒一千五百年來所有的競爭力。

風土在法文，就是土地的意思，在葡萄酒的世界，風土進一步衍生為「地力、土質及位置」，簡單來說，是一種大地的配方。

「你擁有的泥土，決定你的價值！」是葡萄酒界普遍流傳的一句話，雖然全球各地都有種葡萄，但適合釀酒的葡萄，必須有其獨特的「大地配方」，須在平均氣溫十到二十度的溫帶，大約需要一千兩百五十到一千五百小時的日照時間，年雨量須配合在五百到八百公釐之間，符合這樣條件的地區，約集中在北緯三十到五十度、南緯二十到四十度附近的地區，拿出世界地圖，就可畫出南北兩條、蔓延五十多國的「葡萄酒帶」（wine belt）。經緯線一對照會發現，擁有歐洲最大平原的法國，全國幾乎都在葡萄酒帶的涵蓋下，成就法國成為世界第一酒鄉的第一個條件。葡萄不是簡單的作物，土地太肥沃，枝葉太過茂盛，果實吸到的養分就少；優質的釀酒葡萄，反而應該種在貧瘠但排水良好的土壤中，讓葡萄樹根用盡全力吸收土壤中最純粹的礦物質及養分，越是努力求生，越能生成好風味。

不同的地質條件，吸收到的養分不一樣，成就不同風味。法國六大葡萄酒產區的多樣土質及地力，釀造風味迥異的紅白酒，這種獨特的多樣性，是美國、智利及南非等其他紅酒新興勢力，在短期間內難以取代的優勢。

除了「風土」之外，綿延一千多年的釀酒技術及分級制度，也是法國葡萄酒王國的關鍵。嚴格要求葡萄酒冠上產地名，是從法國開始的。不是香檳區產的葡萄酒，就不能叫香檳，只能叫做氣泡酒，也是法國人規定的。除了規定產區的面積、產量外，哪些葡萄品種可以種植，種植方式與採收時的熟成度，乃至釀造後的酒精濃度，法國都明文規定。

種種限定，降低了紅酒買賣之間的「資訊不對稱」，讓隱藏性「交易成本」大幅減少，法國葡萄酒成為世界酒品市場上難得珍品，佔世界名酒九成（全球最大的香港名酒拍賣中心，二〇一一年拍賣總值九成來自法國）。

【帶路專家】

班諾瓦 Benoît Monier

學歷：L'Hermitage侍酒師學校（法國第一家專門侍酒師學校）

經歷：法國餐廳Le Chabichou、Le Pré Catelan首席侍酒師，米其林三星餐廳名廚Joël Robuchon旗下摩納哥、巴黎、拉斯維加斯、東京、香港分店侍酒師

現職：台北L'Atelier et Le Jardin de Joël Robuchon餐廳侍酒師

聶汎勳

學歷：巴黎藍帶廚藝學校

經歷：The One主廚、異數風格旅行社法國布根地酒莊之旅帶路人、台北國賓大飯店A CUT STEAKHOUSE侍酒師、台灣第一、二屆侍酒師大賽亞軍、第一屆東南亞區最佳法國酒侍酒師大賽第三名

現職：台北國賓大飯店餐飲部經理

六大葡萄酒產區及特色

了解葡萄酒產地知識，
以開放心胸廣泛嘗試，找到心中所愛。

文・盧怡安
攝影・李明宜

一千多年來，在法國風土及人情智慧的灌溉下，葡萄酒如老樹的年輪一樣，將大地的溫度、濕度、土壤、水分，全部封存在酒精含量十二到十四度的液體中。學習法國文化中品味葡萄酒的知識，最根本的，得對每個產地的風土、當地釀酒人的信仰、態度及菜餚美味的連動關係，做基本的了解，才能進一步欣賞葡萄酒之美。以下各地產區特色介紹：

1 布根地——單純優雅

講究僅使用單一葡萄品種，因此產區內南到北的酒都有純淨、優雅的特色。

由於地理位置正值法國中央，氣候、環境、資源左右逢源，變化度高，所

以雖然品種單純，但卻不輸給任何產區的複雜度與細緻變化。然而酸度比較高，喝時要比其它產區如波爾多的酒冰個兩度左右，較不會酸得扎口。當地產雞、蝸牛和芥末豬肉，拿來搭配此類菜色準沒錯。

2 波爾多——等候才能喝到最好的

充滿古典美學的釀酒哲學：混合各品種的葡萄時，每個廠都有自己的黃金比例，重視四平八穩、架構嚴謹，以利與時間對抗，成為耐貯的酒。

因此要懂得享受它們在橡木桶裡陳年後會轉變產生的特殊氣味，最好等十年、二十年以後再開。否則品嘗不到波爾多老酒的香氣和成熟優點，會只有莓果般的酸澀感，特別是那些最有名、最老式的酒廠尤其如此。如果要早開，還不如選波爾多周遭新派做法的廠，會較可口。

雖然有易酸澀的特性，但這一區傳統菜色剛好又油又膩，模仿組合這種酒菜搭配，便能相得益彰。

3 羅亞爾河——白酒最好

此區有「法國的花園」之稱，沿河充滿貴族度假的城堡，正是看上它四季如春的氣候。但就因為溫和沒有極端氣候，土壤環境也較和緩無奇，難釀出

什麼驚人的酒款，以白酒為中心，特色是易飲、便宜、酒年輕就可以喝，沒有放上十年的必要。此區臨河靠海，所以品嘗此區所產的白酒，海鮮或淡水魚都相搭。

4 隆河——男兒骨氣味，可配台式臭豆腐

以亞維儂為分界，分為北隆與南隆，北為單一品種釀法，南為多品種混合，最多可達十三種。由於地理環境險惡，坡度陡、南有乾冷的密斯托拉風（像落山風），絕對要人工採摘，其高價的道理在此，同時帶來酒中的滄桑感。多數被主觀的形容成很有「男兒骨氣」，事實上的確有酒精濃度較高，以致酒體感覺渾厚的客觀因素，放超過五、六年味道才會比較圓融好喝。然而帶嗆的氣味，配合此區盛產的野味，或是像本區大城市里昂所盛行，味道極重的豬內臟菜餚，當然也很適合台灣的臭豆腐、重口味快炒類。

5 普羅旺斯——帶香料味，適合冷食

比較受多數人喜愛的是粉紅酒（Rosé），便宜好喝，十歐元一瓶已可稱頂級。水果味之外，有來自此區貧瘠土壤、礦石環境的特殊風味。普羅旺斯不用說，是香草的家鄉，酒也意外的容易帶出香料的味道，如大家熟悉的百里

香或鼠尾草。這裡偏南較熱，菜餚以沙拉冷食為主，喝粉紅酒很容易想喝冰一點，但冰到像啤酒剛拿出冰箱（約六度）那樣，香氣就感覺不出來了，最好回溫一下八度到十度，與菜香較能相輔相成。

6 亞爾薩斯——跟辣菜搭配正好

所處偏北，氣候最冷，接近葡萄成熟的極北端，土壤多頁岩含鐵，能帶來水果味以外的特殊風味。利用其冷，流行比十月中應採摘期更晚的遲摘白酒，水分少，會比較甜，但此區特色是，酸度也會跟著上來，產生喝不膩的酸酸甜甜口味。最適合搭配這裡因為臨近德國而盛行的酸菜鍋、豬腳、香腸等肉類。酒精濃度也高、酒體厚，相對抗辣，也常被拿來搭配中式傳統辣菜。

用自己的味蕾解大地的密碼

法國人不是只是愛喝酒，他們對酒與菜的搭配，有著外人難以想像的狂熱，什麼都想拿來搭配酒，食材分開看可能都是老老實實的傳統菜，不標新立異，但酒的搭法天馬行空。在他們心中，沒有食物找不到酒來搭配的。這

隆河谷地葡萄園酒窖

種搭配的藝術，需要敏銳的味覺；而這種敏銳度和創造力，是把法國料理推向精緻化的重要動力之一。更重要的是，在法國，即使不怎麼懂酒的人，也不會拒絕打開心胸，嘗試搭配。

法國人的飲酒態度再簡單不過，就是廣泛喝、找到自己所愛。讓葡萄酒成為生活一大享受，以法國文化為學習對象，有幾大方式：

第一，不迷信名牌，重視的是酒菜搭配。重點是拿酒配菜，所以不必用頂級酒。因為太好的酒，實際上風味搶眼過日常菜餚，就好像撒魚子醬在滷肉飯上，兩者都顯得不好吃了。互相搭配的原則，無非「地產配地酒」而已。

第二，很少有法國人先讀葡萄酒全書、認酒標，才開始接觸葡萄酒。跟吃飯一樣，每個人都習慣先以自己的感受為基準。

第三，不怕「喝錯」，願意嘗試。雖然有地產配地酒的邏輯，法國人也會嘗試拋棄成見，照自己的想法搭。這餐搭得不好，頂多下餐再試。

第四，有方法的倚重侍酒師。法國人常把自己當日的想法，用最簡單淺白的字句告訴侍酒師，其他就讓侍酒師去傷腦筋。對於想喝的酒，也只是用最簡單的酸、澀、甜、濃、淡等字眼來描述，別吊書袋的用「有動物毛皮般的煙燻味」來點酒。

品味篇

©呂恩賜

六十門道掌握法餐藝術

魔鬼藏在細節裡，正是價值所在。
一餐至少達三小時的法式餐點享用過程，
究竟隱藏了哪些門道與細節？

文・林昀熹、徐銘志

沒有貴或便宜，只有值得或不值得。這是看待法式料理最佳的觀點。當你只看到法式料理價格的絕對值時，也許會嚇一跳，畢竟吃一頓高級法式料理可能得花上一般上班族月收入的十分之一。然而，在歐美國家，特別是法國，精緻美食被視為一種無微不至的享受，是活生生的藝術。

這門藝術，法國人以「劇場」來比喻，看得到的幕前呈現，與看不到的幕後現場，都是價值所在。

幕前，小至桌布是否燙過平整、餐廳播放的音樂，大至端上桌有如藝術品般的菜餚，一幕幕都充滿細節與享受。幕後的關鍵則是餐廳主廚、侍酒師、服務人員整個餐廳團隊共同合力而來。普遍來說，一間講究的法式料理餐廳若有八張桌子、三十二個座位，至少就會有六位服務人員。平均一位法式餐廳服務人員，只會服務四到六個顧客，而其他料理卻是一人要服務三、四桌。但更重要的是，態度和精神。他們敏銳觀察顧客的需求，服務生在該出現的時候出現，不該打擾的時候神隱，斟酒、上菜、桌邊服務⋯⋯，樣樣都恰如其分的在顧客身邊展開。

珍貴也就在此。「好的法式料理與服務，沒有ＳＯＰ（標準作業程序），只有大原則！」曾長期駐法、中華航空公共關係室副總經理楊子葆說。顧客至上的原則下，服務生不能硬邦邦的把流程走完，而該具備彈性。顧客若不想聽菜式介紹，服務生一句話也不該多；而當顧客對菜餚有任何疑問時，哪怕是盤中的醬汁做法，服務生也得流暢的娓娓道來。

正當我們鎖定動輒兩、三千元起跳的高級法式料理，細細拆解其背後藏著什麼秘密、細節及價值在哪時，攤在我們眼前的竟是一項項餐廳錙銖必較、但身為顧客的我們不見得會注意到的小細節：為客人侍酒時，酒標不能被遮住，得面對客人；服務生不會將手肘面對顧客；最多一手拿各拿一個盤子⋯⋯。

越是挖掘，越是發現這個經過數百年淬煉的繁複料理價值之所在。

【帶路專家】

楊子葆

曾任外交部政務次長，現為中華航空公共關係室副總經理。熟稔美食、國際禮儀、法國文化與葡萄酒。

©李明宜

空間

1 空間、音樂與餐廳整體調性呼應

法式料理講究的是整體用餐經驗，因此，餐廳空間的每個元素，包括室內設計、音樂、畫、雕塑、家具，甚至花園植栽，都會呼應這餐廳的個性與主廚特色。

例如，被長居法國的美食家謝忠道在《星星的滋味》形容為「傳統為裡、現代為外」的法國尼斯「Le Chantecler Restaurant」，就使用水晶吊燈、沉厚地毯、雕花桃花心木牆與古典油畫等華麗元素，來襯托餐廳以傳統經典料理為本的訴求。但無論餐廳設計得如何，都應以讓客人身心舒適為原則。曾有餐廳的牆面、服務生的制服都是銀色，雖有時尚感，然而對用餐環境卻是太強烈了。

2 理想的桌間距離可供兩人並肩通行

好的餐廳不會為了增加座位數而犧牲客人應有的空間。通常，客人坐下來之後，兩桌最靠近的椅背間，理想上可容兩人並肩而行。除了維護客人的隱私與舒適感之外，也讓鄰近兩桌的工作人員可同時進行服務，避免動線打結。且同桌相對、甚至是鄰桌的椅子會仔細對齊，讓空間整體視覺工整勻稱，看了很舒適。

3 餐具的LOGO或花色一定要擺正

中華航空公共關係室副總經理楊子葆認為，好的餐廳所使用的餐具，就算不是多麼昂貴，也會注重握在手中的質感、觸感及搭配食物的效果。

同時，不論杯盤，擺設時工作人員一定將餐具的Logo對正，即使那是在盤底也是，一方面讓餐具的花色處在最理想的角度迎接客人，同時「難保客人不會翻過來看，客人注意前就要準備好。」樂沐（Le Moût）法式餐廳餐飲總監劉獻馳說。

4 桌花、蠟燭與口布花具一定要有美感

餐桌的桌花不使用假花是原則。許多餐廳還會指派對花藝有研究的專人插上鮮花，夜晚若關掉空調，還會將桌花集中到定溫定濕的酒窖，以保持鮮花的最佳狀態。

至於口布，擔心折布時增加汙染口布機會，近年有簡單化的趨勢，但視覺的美還是要的。

5 空間裡不會有干擾用餐的特殊氣味

用餐空間不會有特殊氣味，目的當然是希望客人用餐時嗅覺不受任何干

【帶路專家】

劉獻馳

樂沐（Le Moût）法式餐廳餐飲總監，超過十三年高級餐廳經驗。曾於美國加州的星級餐廳法國洗衣坊（The French Laundry）實習。

擾。為了達到這點，除了用心清潔，餐桌上的花、蠟燭，應都沒有味道。通常餐廳會規定員工不得使用香水、甚至含香氣的沐浴用品。不過如果遇到客人有嚴重體味的時候，餐廳就會用較清爽的精油讓氣味宜人些。

6 同桌相對的餐具擺設在同軸線上

處處有細節的法式餐廳裡，其實不僅桌椅會對齊在同一條線上，包含桌上餐具的擺設也會講求工整，力求桌面乾淨俐落，展現舒適感。

在亞都麗緻大飯店的「巴黎廳一九三〇」，仔細觀察便可發現，同張桌子正對面的餐具擺設，相互對齊。也就是說，刀子對上叉子，且落於同一軸線。這不僅是秩序之美，背後也代表一切經過仔細安排。

7 桌巾燙過平整，自然垂下三十公分

桌布不僅能增加視覺美感，更能襯托餐具。有品質的餐廳，桌布不只乾淨、無破損、無縫線脫落，在換上新桌巾後，甚至還會仔細燙過，讓桌巾維持平整。注意這種小細節，才能讓客人從視覺、到觸覺享受舒暢。而桌巾通常下垂約三十公分，為的是剛好銜接桌面到椅子間的空隙。

8 魚刀沒有鋸齒，吃魚子醬用貝殼匙

餐具是法式餐桌禮儀的一部分，在餐刀被發明、且十六世紀叉子和個人餐

盤隨著義大利皇后進入法國之後，餐具的發展及肩負的任務越來越細。

到現在，講究的餐廳除了一般的前菜刀、有鋸齒的肉用刀外，還會配合食材提供適當、專屬的餐具。例如，魚肉不須用力切，因此魚刀沒有鋸齒，較寬的刀面便於把醬汁拌在魚肉上。生蠔叉的設計方便將蠔肉與殼分離。

©李明宜

不影響食物美味是另一原因，由於魚子醬碰到金屬會產生一股鐵味，因此好餐廳會用瓷器或玻璃做為容器，以小巧的貝殼匙或牛骨匙為食器，在味覺與尺寸上都與食材完美搭配。

9 水、紅酒、白酒、香檳、甜酒、烈酒各有專屬杯子

不同種類的酒使用不同酒杯，主要是藉由杯身形狀、厚度，達到人們對酒的香氣、口感、溫度、味覺、視覺效果等要求，以彰顯酒的風味。一般來說，紅酒杯略大於白酒杯，白酒適飲溫度較低，故杯子容量小，不會一次倒太多，造成白酒回溫。而香檳則是使用細長杯口略縮的高腳杯，氣泡才不會消失太快。但光是喝香檳，酒杯也有數種。在樂沐法式餐廳，一般香檳使用的香檳杯，杯底的氣泡反射點多；若是頂級香檳就會使用杯身較直、杯底只有一個反射點的香檳杯，讓客人能夠欣賞清晰而集中的細緻氣泡。

10 菜單的印刷與製作有質感

高級法式餐廳不是快餐店，楊子葆說，即使菜單往往會隨季節更換，好的店家還是會堅持使用高品質且精緻的印刷，甚至連每天更換的活動式特餐菜單，都可以好好裝在有質感的本子。而非單薄的一張紙。連這細節中的細節都能注意到，就可以看出餐廳的講究程度。

服務

11 招呼方式讓客人好像到朋友家作客般自在

講究的餐廳連招呼方式都會仔細琢磨。當客人盛裝打扮、終於踏入預約的餐廳大門，工作人員不會說：「您好！請問貴姓？」或「請問有訂位嗎？」這種看似符合程序、但其實有點敵意的話。服務人員通常會直接喊出客人姓氏，讓對方感到自己是被等待的，代表餐廳準備好迎接客人。美食作家Liz就提到，紐約的「Eleven Madison Park」甚至刻意不在入口處設置櫃檯，而是請服務人員站在門口招呼客人，讓客人感到彷彿到朋友家作客、而非到餐廳消費的自在感。

12 電話訂位看出餐廳服務的細心程度

高級餐廳接受訂位時詢問客人有無忌口食物、座位偏好、節慶等，只是基本要求；好的餐廳在顧客離開後，會馬上記錄顧客偏好，只要再次訂位，服務人員會主動確認飲食、座位等需求。

有些甚至是顧客不曾開口、由服務人員觀察而來，像是，發現顧客總是留下某類食物，因此能讓客人有「哇！你們怎麼都知道？」的感受。

【帶路專家】

高雯 Liz

部落格「美食家的自學之路」格主，擁有完整法律人履歷的美食作家，擅長美食趨勢觀察，著有《我的日式食物櫃》。

13 外場主管要能掌控美好的用餐經驗

好的外場主管（餐飲總監、餐廳經理）往往能抓住客人的心，「確保顧客擁有完美的整體用餐經驗」。最常見的是主人預算有限，客人卻天馬行空，外場主管發現主人眼色不對，會提出兩全其美的辦法。或主人自己帶的酒很樸實，外場主管還是會找出該酒最好的特色稱讚主人選酒功力。

14 根據顧客的需求說菜，專業但不炫耀

上菜時服務生通常會向顧客說菜，介紹名稱、內容等。楊子葆認為，服務生不該制式的把流程走完，而是觀察顧客需求、有問必答。

硬是把說菜背誦完畢，反而過於炫耀，讓顧客產生：難道是指我不懂的想法，或可能搶了主人想向客人介紹的興致。總之，服務生得察言觀色，每桌狀況都不同，「適時的不服務」也是一種高段的服務。

15 一位服務人員只會服務四到六位顧客

法式料理用餐程序、禮儀多，光要詳記每位顧客對每道菜的需求，就不簡單，更何況還要隨時注意水酒存量夠不夠、有沒有掉了湯匙、口布，甚至各種意外狀況。平均來說，一位高級餐廳的外場服務員，通常只服務四到六位客人，比起一般餐廳一人服務三到四桌以上，更能確保服務品質。

16 服務生動作優雅，像是在劇場表演

法國人形容餐廳是劇場，是整合味覺、視覺、聽覺的表演。謝忠道在《星星的滋味》書中形容法國巴黎「Le Pergolese」餐廳，西裝筆挺的服務生端著盤子在不算寬敞的走道中有默契的穿梭，「動作優雅好看！」原則上，服務生不會干擾顧客用餐，動作優雅，即使穿了高跟鞋，走路也不會有聲音。

17 外場人員的服裝儀容就是專業的表現

《美味關係》中提到，美國紐約米其林三星餐廳「Per Se」給員工的數十條須知，包括了：要穿包腳鞋、頭髮要維持在耳朵之上，女性頭髮不能散落在臉上、甚至規定員工的髮型必須維持在被錄取時的樣子，當然就更不用提「不能染色或蓬頭垢面」這種事。一切的目的就是維持潔淨形象，更重要的是展現專業。

18 服務人員的服務動線一致

在美國因為消費者習慣美式「左後側上菜、右後側收盤」的方式，所以即使法式餐廳也跟著採用。

相較下，法式服務的「右後側上菜、右後側收盤」模式，可讓顧客不必忙著左閃右躲。這樣是為什麼，麵包盤擺在餐桌左側，顧客使用時比較不受服

務生上菜侍酒的干擾。

19 服務時，不可把手肘面向客人

好的服務人員必定謹守「不背手（手肘側）向客人」及「不越過客人盤子上空」的原則。

以攤口布為例，若站右側的服務生用左手將口布左邊放往客人左腿，顧客會看到服務生的手肘背面，感覺像被「架拐子」，便是錯的。正確版是，服務生抓著口布左右兩側，右手將口布遞到顧客左大腿。

20 輕放口布，絕不可用拋或丟的方式

服務生在替顧客遞口布時，會以指尖輕拿對折成三角形的口布兩端，避免雙手大面積接觸口布，接著會輕輕將口布放在顧客大腿，而非把口布丟到顧客身上。

用餐期間，若顧客因故短暫離席，服務生會馬上把口布對折再對折，並且擺在餐桌的右側。等到顧客回來，服務生便會出現，再次遞上口布。

21 服務人員應該熟稔餐桌上的一切背景

即使每天換菜單，服務人員必定要搞懂，且能回答、清楚傳達任何與當日菜色相關的種種細節。

©李明宜

甚至，「Per Se」更要求服務生知道：窗外雕像是哪位藝術家的作品？中央公園面積有多大？餐具、家具是出自哪個品牌、師傅之手？以回應客人有可能的發問。

22 一位服務人員最多拿兩個盤子

和講究熱情的美式服務有很大差異，優雅和順暢，絕對是法式料理服務的重要關鍵字。所以，法式餐廳不會看到服務生在兩隻手臂上各疊五個盤子同時上菜的特技表演。

潛規則是，服務生上菜時一手各拿一盤，已是最大極限。為避免出狀況，很多時候服務生更是一次只拿一盤。

23 服務敏銳，但不打擾顧客情緒與對話

倒完酒或送完餐，法餐服務人員簡直像神隱般消失在顧客視線，目的是不打擾客人。

然而一旦發生類似叉子掉了、水不夠的事情，用心的法式餐廳服務人員不待客人回頭找，會如同天將神兵般迅速出現協助，又不能讓顧客有被盯梢的壓力。此外，不打亂顧客情緒與對話，也是原則。

24 讓客人看到菜餚呈現，不會擅自分菜

若遇到體積或分量比較大的菜色，像是阿爾薩斯名菜酸白菜豬腳，餐廳須先把整盤菜端上桌讓客人確認、欣賞原貌，然後在一旁小桌上切分。

楊子葆說，更體貼的餐廳會先詢問東道主要不要幫忙分菜，畢竟如果顧客想自己分菜，也是主人與客人間的一種互動，尊重顧客決定的餐廳，才是一流的好餐廳。

25 水杯不空，酒不待喝完即補

法式餐廳在領班以下還有正服務員與助理服務員，通常只有正服務員以上才會跟客人有對話，擺桌、倒水、上麵包、收盤杯之類的工作由助理服務員操作。然而，看似微不足道的小事情正可觀察餐廳的素質，如果水量總能維持一定，酒在還沒完全喝完前立即有人補上，表示訓練做得夠扎實。

26 掌握上菜節奏，讓賓客維持同一餐序

高級法式料理不會在顧客短暫離席送上餐點，以確保每道菜餚在最好狀態被享用。此外服務生會與廚房協調，讓同桌顧客的節奏維持同一餐序。

若同桌有人單點主菜，有人點套餐，應變能力佳的餐廳不會立即端上主菜，而會巧妙的送上小點心給單點者，再一起上所有人的主菜。

27 盤子溫度講究，冷熱料理各有不同

確保餐點在端上桌、顧客享用時呈現最佳狀態，盤子的溫度也是餐廳該注意的地方。通常，冷盤的盤子雖不會是非常冰凍，但仍會比室溫來得低，用手觸摸有涼涼的感覺。

而主菜等熱食，盤子一定是溫熱的，讓主廚費心製作的菜餚不會因盤子而涼掉了，影響口感及味覺呈現。

28 不能只用手指引洗手間，要親自帶路

許多人也許有經驗，即使服務生已經指出廁所方向，還是在參觀了儲藏室、開了一兩扇不相干的門後，才找到洗手間。《美味關係》提到，客人在這麼高級的地方用餐，卻在找洗手間的過程碰一鼻子灰，用餐經驗立即打了折扣。好的餐廳服務人員會帶你走到明顯看到廁所門口處，而不是只用手指路或口述。

29 客人要求將菜一分為二，也可處理

顧客至上，是法餐重要的觀念。亞都麗緻大飯店餐飲部服務協理柳信郎表示，即使兩位客人分別點不同的主菜，但卻想共享，盡責的餐廳也會為你使命必達。

通常，餐廳仍會把原始的菜餚先端上來給顧客瞧瞧，再拿到桌邊的推車進行分菜。即使將一份菜餚一分為二，擺盤呈現也會依舊美麗。

30 帳單交給訂位者，不讓受邀自行結帳

傳統法國人的習慣是只會將帳單交給東道主或男士，但即使不在法國，餐廳也會小心，只會把帳單遞給訂位者，就算有其他客人搶著付帳，餐廳也不能在未獲得訂位者同意下自行結帳。

否則讓東道主臉上無光，可是犯了社交大忌。此外，講究的餐廳結帳後，會將發票等放入小信封再給顧客。

31 體貼觀察，提前一步發現顧客需求

只要在點菜時與服務生充分溝通，把需求交代清楚，好的服務生有能耐幫顧客打造專屬菜單。更上層樓的服務生甚至不需要顧客明講。像是，顧客在言談間透露後悔點了巧克力當甜點，其實想吃水果，在可調整的範圍之內，一流的服務人員會技巧性的主動詢問：剛瞄到今天的水果塔很不錯，要不要來一份？讓顧客感到窩心且不留遺憾。

32 服務團隊默契佳，順暢交接即時資訊

好的餐廳在廚師、服務人員、餐廳經理間是有良好溝通的。如《星星的

滋味》所言：「一間餐廳管理的好壞，可以從進門的服務效率來看。」光是從進門到帶位入座、點餐，就至少有二到三位的服務生接手，動線交接是否順暢？需求是否被充分傳達，都可以高下立判。此外，訂位時已經告知的事項，顧客到了現場就不會再度詢問。

侍酒

33 侍酒師是提供最佳餐酒搭配的關鍵

侍酒師（Sommelier）是法式料理餐廳裡另一個靈魂人物，肩負起讓顧客在葡萄酒、各式飲料與餐點有好的搭配。所以，在意餐酒搭配的法式餐廳，一定有侍酒師。很多對葡萄酒不甚了解的人，總是害怕點酒露了不懂酒的餡，失了面子。其實，無論客人對於酒的了解，是多是少，侍酒師都該讓客人感到自在舒服。

34 侍酒師以易懂方式表達葡萄酒的風味

侍酒是門很專業的學問，甚至有專業證照，如國際葡萄酒協會所發證照。但講究服務的餐廳裡，侍酒師並不會賣弄專業，反而能夠以淺顯易懂的表達，讓消費者找到符合各人喜好且適合佐餐的葡萄酒。

比如，介紹葡萄酒時，侍酒師就該說明葡萄酒的味道特色、為何與餐點速配等細節，而非一味的介紹品種、釀酒故事等屬於背誦而來的知識。

35 侍酒師先會請主人試酒

葡萄酒開瓶後，侍酒師會將瓶塞擺在桌上，旨在請顧客從瓶塞確認葡萄酒品質是否良好（是否有霉味等）。接著，侍酒師會請當日主人試酒。目的同為確認品質。主人可先觀賞葡萄酒的色澤，聞看看香氣是否令人不悅，淺嘗一口確認酒質沒有變質。若無問題，就可請侍酒師開始斟酒。

36 餐廳備有豐富酒單，可輕易和菜單搭配

餐廳藏酒豐富是弔詭的事。對消費者而言，數量少不夠豐富；數量太多又可能無從下手。楊子葆舉例，創立於一五八二年的法國巴黎老牌餐廳「銀塔」，其酒單厚度就超過十公分。據說，至少有上萬款酒。有時候，這樣的陣仗反而嚇人。

所以，評斷一家餐廳藏酒豐富與否，他建議可從「可否找到和菜單搭配的酒」著手。楊子葆說，最簡單的原則：地菜配地酒。也就是哪裡的菜，至少找得到當地酒款。當然，隨著料理越來越融合，這不一定合用。但用心的餐廳，酒單是不會和菜餚互不相干的。

37

備有標準大產區的酒是基本要求

法式料理當中，葡萄酒是不可或缺的重要元素。法餐主廚在設計菜色時，還會找侍酒師給予意見。所以，一家講究的法式餐廳，在葡萄酒上絕對不馬虎。最基本的，幾個知名產區的酒都要有。像是，布根地、波爾多、隆河等。每個產區下，也至少得涵蓋不同區域、等級、年份的酒。

©李明宜

38 連便宜的酒都會有出色表現

得過「世界最佳侍酒師大獎」首獎的田崎真也在《暢飲葡萄酒的二百點秘方》裡提到，首次光顧法式餐廳「不要虛榮的點選高價葡萄酒，這才是聰明的做法。因為高價葡萄酒，好喝是理所當然的事，但越便宜的葡萄酒就越難挑選。」所以，追求完美的法式餐廳是連便宜的酒都會有出色表現。

39 從餐前酒的建議看出侍酒師功力

「當你聽到酒侍（侍酒師）問你：需不需要點餐前酒？你應該回問他：有什麼好建議？」這是田崎真也在著作提到可以測試侍酒師實力的時候。他認為，侍酒師若沒給建議，就問要點什麼，是失禮的。更何況，「從寒冷的室外進到室內，冷得不能再冷的香檳酒，當然不會令人想喝。」

40 點完酒後，讓客人看清楚年份和酒標

顧客從酒單上點完葡萄酒後，在葡萄酒開瓶前，侍酒師或服務生應該將該瓶葡萄酒拿到顧客面前，讓顧客看清楚酒標和年份。

這個動作，可以再次確認顧客點的葡萄酒是否正確，也是法國料理用餐的大原則之一：讓客人知道從菜單、酒單上所點的，究竟是什麼模樣。

41 使用杯口收攏的酒杯聚集葡萄酒香氣

只要是葡萄酒杯杯口皆須收攏，方能在杯中聚集葡萄酒的香氣。講究一點的餐廳，對杯子的使用也有所著墨。

像是，喝布根地紅酒時，會特別選用杯腹較大、像球型的布根地酒杯，好讓幾乎只使用黑皮諾品種、香氣細緻輕柔的布根地紅酒，接觸更多空氣，有更好表現。

42 先從主人以外的年長女性開始斟酒

講究用餐禮儀的法式料理餐廳，就連斟酒的順序也有詳細規範。一般來說，東道主試完酒後，如果沒有任何問題，在無特殊狀況下，侍酒師或服務生應該會從男主人、女主人以外的年長女性開始斟酒。接著是女主人、年長男性，最後才會輪到男主人。這樣的原則是依照女先男後、尊重客人而來的。

43 開瓶後的酒會擺在桌旁架上或推車上

開瓶後的葡萄酒是不會擺在餐桌上的。一來，餐桌上酒杯、餐盤、餐具等擺設已占據桌面大部分空間；二來，葡萄酒若擺在餐桌上，容易被菜餚的溫度所影響，而高過適飲溫度，讓味道不夠好。

通常，開瓶的白酒會置於桌邊旁的冰鎮架上，或是放在推車上的冰桶內。而紅酒則擺在推車上。

44 為客人斟酒時，酒標面對客人

為客人斟酒前，若葡萄酒擺在冰桶裡維持溫度，侍酒師或服務生得將酒瓶表面的水漬擦拭乾淨。

斟酒時，更不會用手把酒標擋住。無論如何，酒標得面對客人、讓客人看得見。此外，有些侍酒師或服務生會在斟酒快結束時，旋轉酒瓶，為的是不讓酒滴在桌面。整體而言，斟酒動作要順暢。

45 紅白酒飲用時要處於台灣適飲溫度

大家都認為「紅酒室溫，白酒冰鎮」是大原則，但這是指法國氣候。在台灣氣溫偏高，紅酒也須事前冷藏後再飲用。

如果餐廳的溫度控制未低於二十度，那麼也得注意紅酒是否回溫了。因為，紅酒的適飲溫度約在十六到十八度間，太高則酒體不見，太低會澀。而白酒，適飲溫度則在五到十三度間。

©李明宜

料理

【帶路專家】

葉明潤 Denny Ip

香港美食家，幾乎日日午、晚都在外用餐。品嘗過不少米其林星級美食。

46 從前菜到最後的甜點，每道菜的醬汁不會重複

醬汁入口後，在嘴裡的餘味有多長，醬汁就有多好。但，再好的醬汁都不可能一醬用到底。從前菜到最後甜點的醬汁，在精緻餐飲等級的法式餐館中，都不會重複使用，考驗著主廚設計菜單的功力，而這也成了觀察餐廳等級的一項指標。

47 從賞味套餐觀察主廚對味道的鋪陳

每家餐廳都有主廚設計的「賞味套餐」（Tasting Menu，或稱品嘗菜單），不僅提供客人方便的選擇，香港美食家Denny表示，餐序的排列都必須經過思考，客人從賞味套餐觀察出主廚對於味道的鋪陳，是否能順暢的將味覺體驗引向高峰。通常，賞味套餐的道數多、分量少，要有主廚個人風格及招牌菜。

48 提供外脆、內軟的法式麵包

楊子葆說：「沒有好麵包就沒有好的法國菜！」法國則有俗語：「有好酒與好麵包，就是幸福。」足見麵包在法餐中的重要。新鮮且外脆內軟，是法

國麵包的基本條件，且是搭配餐點之用，不干擾菜餚的味道為原則，口味不會複雜、也不會是加了果乾的麵包。好餐廳也會提供高級奶油，讓顧客搭配使用。

49 從鵝肝的乾煎處理，檢視出主廚功力

鵝肝是法式料理代表性食材之一。傳統高級餐廳的做法以乾煎為主，不加任何醬汁，以呈現豐富韻味。乾煎鵝肝需要一定功力，除了解凍後去筋膜速度要快，煎好後的鵝肝切面維持平整、隱約可見大理石般花紋。重點是表面不能有油脂溢出，否則表示火候控制不佳，細胞膜被破壞，鵝肝也會因此縮水。

50 每個餐序的選項不會超過五到七種

「要觀察一家餐廳的菜單夠不夠水準，由它開出的菜單『平衡與否』即可判斷。」曾旅居法國十多年的彭怡平在《隱藏的美味》中提到，好餐廳在菜色的數量、原料選擇、菜色變化等都會講究，通常每個餐序的選項不會超過五到七種，以免造成存貨，影響原料品質。所以，菜單上的選項並不是越多越好，反而要看得出主廚的整體思考和搭配。

©呂恩賜

51 小心使用魚子醬、海膽，提味不搶味

品嘗過各地高級美食的Denny說，好的餐廳、主廚對於魚子醬、海膽這些食材的使用格外小心。因為這些都是味道濃的食材，很容易搶掉主角風采。在呈現主食材最佳風味的前提下，好的主廚絕不會為了提高價格或附加價值而把不該放的東西放進去。這也是好餐廳對料理本質的尊重。

52 提供套餐，也同時可以提供單點

用心的法式料理餐廳並不會強迫顧客做點餐選擇，而是提供各種組合，滿足顧客需求。楊子葆說，如果翻開一家餐廳的菜單，只有套餐的話，就算不合格。因為顧客有可能因各種原因不吃套餐裡的餐點。專業的法式料理餐廳，有套餐，同時也提供單點的選項。顧客就算進到餐廳只單點主菜，也是沒有問題的。

53 從難駕馭的野味料理可看出主廚功力

精緻法式料理源自王公貴族，很多貴族們打回來的野味，很早就登上法餐的傳統菜單，像是兔、鴿，早年還有天鵝、孔雀等。至今，野味仍是法式料理的一大特色。然而野味的味道較複雜濃重、難以駕馭，若能運用適當的手法和醬汁，彰顯出特殊性，卻沒有腥羶味，且仍能讓味覺維持優雅與平衡，

便是高段真功夫。

54 因應適當產季，推薦適當食材

料理是否講究季節也是好餐廳的指標，而所謂的「季節」主要指食材產季。謝忠道在《星星的滋味》提到，他曾於普羅旺斯品嘗的春季菜色：「主廚很清楚只有在這很短的時間裡，蒜頭才有如此馨香、豌豆才會如斯甘甜、羔羊才有如許細緻。」楊子葆則說，這麼做不但是考量新鮮度，也是對大自然的尊重。

55 菜餚呈現從淡到濃

由於是一道道的菜餚接力上場，加上法式精緻料理又強調和諧度，整體而言，菜餚的味道會越來越強，直到主菜達到最高峰，然後又再漸漸變弱。為了讓主菜能在味蕾上登峰造極，有些餐廳會在主菜前提供雪泥（Sorbet），借由既甜又冰、與主菜截然不同的口感，創造反差，讓舌尖對主菜反應更強烈。由淡而濃的原則也應該同時存在於搭餐的酒。

56 講究盤飾的搭配，是一種表演藝術

好的法式料理在盤飾上有著與食物本身同等的講究，不論是富有禪意的庭園山水概念，或是野獸派的豪放揮灑，都具有十足藝術性。整體而言，法式

©呂恩賜

料理在擺盤上會更注重立體感。然而，楊子葆也提到，「法國料理的菜餚本身就是場表演。」所以，若徒有盤飾，而在味道、食材表現等方面沒有同等出色，也是徒勞無功。

57 主菜後、甜點前會有餐後乳酪

法式料理在主菜後、甜點前，會提供乳酪盤，法國食品協會乳酪講師許昭晶說，像是Paul Bocuse的同名餐廳，就用三台推車提供數十款乳酪，讓顧客挑選。通常有軟、硬質與藍紋等六、七種基本款，加上地區性乳酪。台灣因較無食用習慣，多將乳酪做成固定菜式，但乳酪的熟成和保存一定良好，且以精緻盤飾襯托。

58 菜餚與醬汁搭配協調，發揮一加一大於二的神奇綜效

菜餚與醬汁要發揮一加一大於二的效果。《法國料理的秘密》就引用被譽為地位無可動搖的現代法式料理大師艾司可菲所言，「搭配野味的醬汁，必須用野味的高湯為基底……，而不是一般家禽肉類所熬出來的高湯……，烹調魚類的道理也一樣。」最關鍵考量，就是讓食材與醬汁不互搶風采。

59 不會用牛油炒麵糊，增加醬汁濃稠度

醬汁是法國菜的精華所在，它在本質上是濃縮高湯，製作時間長，難度在

於精準濃縮在最適當濃度。當代法式高級料理餐廳絕不會用牛油炒麵糊來使醬汁快速濃稠，以避免口感太膩，辨別方法是，由高湯濃縮的醬汁在空調環境中靜置數秒，表面會結出一層膠質薄膜，而麵糊醬汁不會。

60 甜點現點現做

「沒有甜點就沒有結尾，」楊子葆說，「而且甜點的地位不亞於主菜。」因此好的餐廳對於甜點不但講究味道與盤飾，還重視創意。更重要的是，甜點一樣講求新鮮，所以，講究的餐廳會有甜點主廚，設計與整套餐點基調一致的甜點，且現點現做，為這一餐畫下完美句點。

©呂恩賜

SOLVTVM A·DOM·MDCCLXII
© Pixabay

義大利

義大利料理的精神就是強烈的固執，甚至不容許沾染上外來的觀念，
了解道地義大利料理的樣貌，就是種品味和尊重。

料理篇

番茄乳酪沙拉 ©劉煜仕

了解道地義式料理

道地義大利麵食不靠食材用料撐場面，麵和麵皮的麵粉香氣、口感才是重點。

文・徐銘志／攝影・劉煜仕
料理示範・Solo Pasta

你分得清楚什麼是道地的義大利麵食？什麼是你喜歡的味道？「這指的不就是義大利麵和披薩。」「義大利麵有分紅醬、青醬、白醬等等……。」、「義大利麵就是要多炒點大蒜才好吃。」「用料越豐盛越值得。」「吃義大利麵和披薩，最棒的就是可以撒上很多的起司。」

以上是關於義大利麵食很簡單的兩個問題，和我隨機問了周遭一些人的回答。從中，可以讀出一些訊息。首先，遠在四分之一個地球一端的義大利，靠著食物拉近了和台灣的距離，幾乎每個人、無論男女老幼，都對義大利麵和披薩有一定的看法，且侃侃而談。不得不承認，大街小巷皆有、平價到高檔皆具的義大利麵和披薩，已儼然成為「新國民美食」。

其二，即使隨處可見義大利麵和披薩店，並不代表我們真正貼近義大利麵食的滋味和精神。如果是義大利人聽見上述的答案，恐怕還是會搖搖頭的說，義大利麵和披薩真的不是那樣子。

舉例來說，很多台灣人追求義大利麵或披薩用料「澎湃」，可是道地的義大利麵和披薩，嘗出麵粉獨特的香氣和口感是種享受，麵和麵皮是主角，其他食材則是配角，和台灣一味以用料多寡來決定好吃與否，大相逕庭。

又如，並非所有的義大利麵都適合和起司共舞的。有海鮮的義大利麵，是不加起司的，原因只在於若加了起司，其濃郁的奶味會搶盡海鮮鮮活的光芒。

為什麼要了解道地義大利麵和披薩長怎樣呢？我想這就是種品味和尊重。對義大利熟門熟路的美食評論家徐仲就說，台灣包容性大，有時候對經典美食的標準也來得寬鬆許多。如果今天不去定義道地的義大利麵和披薩該是如何，將來就會更加混亂，甚至這種追求道地與尊重的精神，可能因此消失，「你也不會重視在地的米食文化的！」義大利麵和披薩因為種類繁複，其實趣味很多。即使嘗過許多知名餐廳的義大利麵，不過，這次又發現許多「哇，原來是這樣」的事情。接下來，一起來解碼義大利麵食吧。

三撇步速懂道地義麵

1 看用料：少少食材不搶戲，襯托麵食滋味。
2 看醬汁：醬汁和麵緊緊相依，絕無湯湯水水。
3 聞香氣：初榨橄欖油香氣，增添香味層次。

1. 看用料

2. 看醬汁

3. 聞香氣

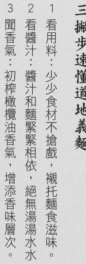

常見義大利麵種類特色及製作方法

百變多樣的義大利麵，極強調地域性特色。

文・盧建邦

如果說法國菜當中最重要的，是對傳統的尊重，並以開放的心胸來展現創造力。那麼，義大利菜的精神就是強烈的固執，甚至不容許沾染上外來的觀念。因此，儘管我們可以在餐廳看到眼花撩亂的麵食菜色，但對於強調地域性的義大利人來講，一種義大利麵在一個地區，很可能只接受一種做法，有些變化甚至會被認為是天理不容的。而這麼多種類的義大利麵，該如何去認識呢？

英國食譜作家伊莉莎白・大衛（Elizabeth David）以製作方式將義大利麵分為兩類：新鮮手工麵和乾燥麵。新鮮手工麵指的是並未經過乾燥的麵條，最常見的是以麵粉加雞蛋製成。當美國記者比爾・布福特（Bill Buford）毅然決然放下記者工作進廚房學藝時，製麵師傅教他一個口訣：「一百克，一顆蛋」。而一百克的麵粉配一顆蛋，也是很多食譜建議的比例。義大利的麵食

©missy& the universe/ Flickr

©Pixabay

之都波隆納著名的肉醬，適合搭配的正是手工雞蛋寬麵。同樣的麵團也可以用來做千層麵和麵餃。除了常見的雞蛋麵，在義大利其他地方也有很多不同做法的手工麵：

1 **利古立亞**（Liguria）

當地較有特色的新鮮手工麵有兩種。特洛菲（trofie）在利古立亞語是「小麵團」的意思。用麵粉和水揉製麵團，再用手把切成小段的麵團搓成細長螺旋狀；另一種鍋煎麵片（testaroli）比較特別，是在麵粉裡加較多的水調成麵糊，而非像一般義大利麵一樣的麵團。麵糊調好以後放在一種當地稱做「testo」的平底大鐵鍋上，用柴火燒，烘熟以後放涼切成片狀（通常會切成菱形），接著再和一般麵條一樣用鹽水煮過。這兩種麵最合適的醬汁，就是利古立亞地區的熱那亞（Genova）最著名的青醬（pesto）。至於配料，則不像我們習慣加海鮮或雞肉，而是只有水煮四季豆和馬鈴薯。

2 **倫巴底**（Lombardia）

蕎麥麵（pizzoccheri）是倫巴底地區較有特色的手工麵。以蕎麥粉混合一部分麵粉做成麵團，擀平以後切成寬條狀。煮熟後和甘藍菜、馬鈴薯一起拌奶油、撒上起司，便是最在地的吃法。

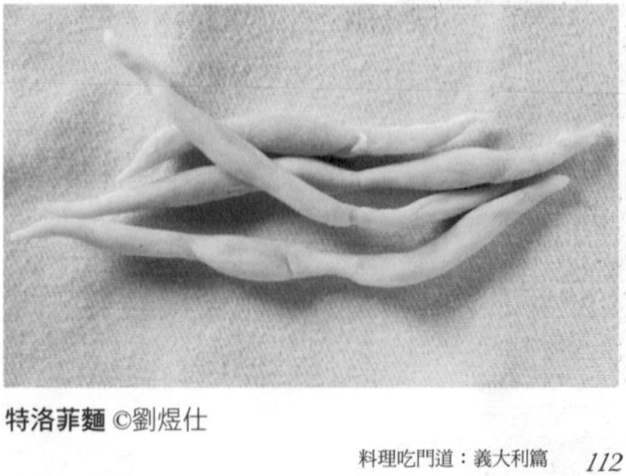

特洛菲麵 ©劉煜仕

3 維內托（Veneto）

維內托有一種以特殊器具「bigolaro」（或稱「torchio」）製作的粗圓麵（bigoli）。粗圓麵通常以全麥麵粉加鴨蛋製作。麵糰放入金屬管狀的器具，轉動把手，就會從前端的模具擠出麵條，很像是現代化製麵機的手動版本。當地會以洋蔥和鯷魚做成的醬汁來搭配，稱為「醬汁粗圓麵」（bigoli in salsa）。

4 阿布魯佐（Abruzzo）

阿布魯佐同樣也有特殊器具做成的吉他麵（spaghetti alla chitarra）。吉他（chitarra）的構造是木框上拉著幾條平行的鋼弦。將麵皮放上去用　麵棍壓過，就會被切成斷面呈方形的麵條了。配上海鮮或單純的蕃茄醬汁都相當適合。

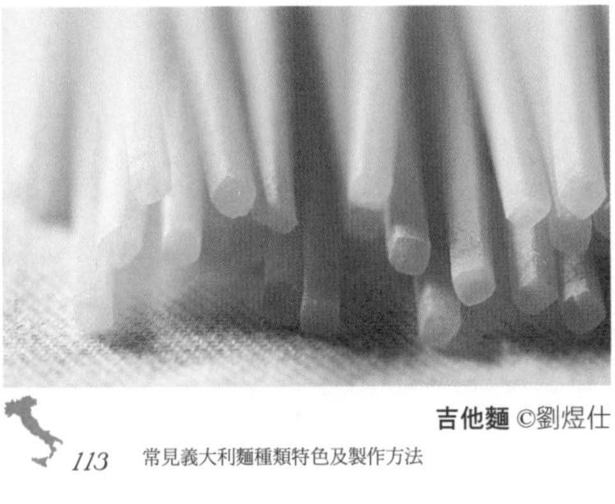
吉他麵 ©劉煜仕

五花八門的乾燥麵

乾燥麵則是我們最熟悉的，以杜蘭麥粉（semolina di grano duro）加水或蛋做成麵團，用模具擠出成形後再乾燥製成。由於保存和運送方便，也成為最廣受歡迎的義大利麵形式。加上現今科技發達，可製造出各式各樣不同模具，數百種造型的乾燥麵也產生了千變萬化的吃法。下面簡單介紹幾種常見乾燥麵種類：

■ **圓直麵**（spaghetti）

名稱源自於義大利文的「繩子」（spago）。由於形狀類似我們吃的麵條，因此在台灣可以說是最被廣泛使用的麵條之一。厚實的麵身，適合搭配帶油脂感、沾裹性較好的醬汁。搭配圓直麵的經典口味有「煤炭工人麵」（spaghetti alla carbonara）、「煙花女麵」（spaghetti alla puttanesca）、「墨魚麵」等等。煤炭工人麵的名稱有許多不同由來，有一說是最早為煤炭工人所吃的麵，在台灣通常稱之為奶油培根麵。事實上，道地的做法不加奶油而用橄欖油，所用的肉也並非培根，而是羅馬菜當中很常見的鹽漬豬頸肉。而煙花女麵據說是煙花女用手邊現有的材料所做的麵食，現在最流行的版本，材料包括鯷魚、蕃茄、橄欖、酸豆等，都是隨手可得的罐頭食材。

■ **寬扁麵**（tagliatelle）

名稱源自於義大利文的「切」（tagliare）。通常會以手工製作，有些會在

圓直麵 ©劉煜仕

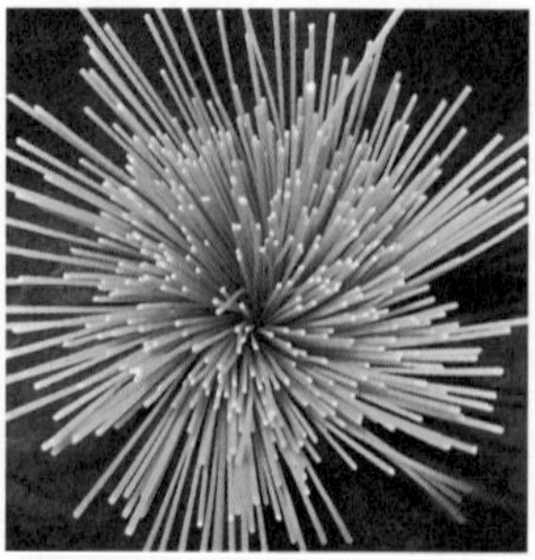

圓直麵 ©Pixabay

寬扁麵 ©劉焜仕

麵團裡加入雞蛋，做成鳥巢狀，也就是我們慣稱的「鳥巢麵」；另一種稱為緞帶麵（futtucini，從義大利文的緞帶「futtucia」演變而來），和寬扁麵幾乎沒太大差別。寬扁麵適合搭配傳統波隆納肉醬。

■ 細扁麵（linguine）

義大利文是「小舌頭」的意思。在利古立亞則被稱做「trenetta」。最經典的吃法是與水煮馬鈴薯和四季豆一起拌青醬，也很適合做成蛤蜊麵。

■ 粗管麵（bucatini）

比圓直麵粗，中心中空狀似吸管，名稱來自義大利文的洞（buca）。配上鹽漬豬頸肉（guanciale）、蕃茄和羊奶起司，便是道地的阿瑪翠斯粗管麵（bucatini all'amatriciana）。

■ 細髮麵（capellini）

直徑約在○．八五和○．九二公分之間，名稱來自於義大利文的頭髮（capelli）。是近代科技發達，製造出鐵氟龍模具而產生的新式麵條。若是直徑在○．七八至○．八八公分之間，就是最細的麵條天使細髮麵（capellini d'angelo）。

■ 筆管麵（penne）

原文即是義大利文的「筆管」。麵身中空、厚實，適合搭配番茄口味的醬料。經典做法有「生氣的筆管麵」（penne all'arrabbiata）和「諾瑪風味筆管麵」（Norma）。前者是拌了辣味番茄醬的筆管麵，據說是因為加了辣椒讓

細扁麵 ©劉煜仕

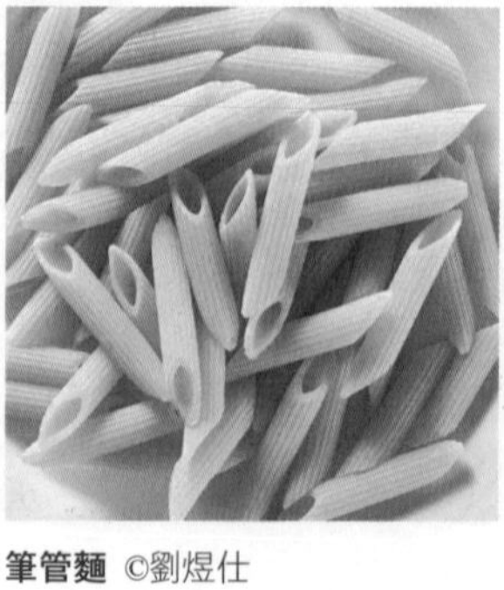

筆管麵 ©劉煜仕

人吃了臉紅冒汗，好像生氣的樣子而得名；後者名稱則是出自西西里作曲家貝里尼（Vincenzo Bellini）的巨作〈諾瑪〉（*Norma*），由茄子、蕃茄和鹽漬瑞可塔起司做成的麵食，讓人吃過後忍不住讚嘆「這是諾瑪！」，如同歌劇大作般。

貝殼麵（conchiglie）

原文是「貝殼」之意。對義大利菜有相當深入研究的學者愛麗絲・佛倫瓦德（Alice Wollenweider），在食譜書《好吃・義大利》（*Italiens Provinzen und ihre Küche*）中提到，她在朋友家吃的綠花椰菜貝殼麵，是她吃過最細膩的蔬菜麵：「這種麵條、蔬菜和魚的搭配方式，營養又健康，算得上一頓簡單完整、可以迅速烹飪出的正餐」。

螺旋麵（fusilli）

源自義大利文的螺旋（fuso）。和筆管麵一樣適合配蕃茄口味的醬料。

蝴蝶麵（farfalle）

義大利文即是蝴蝶的意思。可以做成冷麵，也可搭配較清爽的蕃茄醬汁或奶油。

耳朵麵（orecchiette）

普利亞（Puglia）地區常見的通心麵，義大利文指的是「小耳朵」。製作時，要將麵團切成小塊狀，接著用手指或是小刀按壓出凹槽。這特殊的形狀能讓義大利麵沾上很多醬汁。當地最簡單的吃法是搭配鯷魚、葉用蕪菁

貝殼麵 ©設計家Art100

螺旋麵 ©Clubalogue

（cima di rapa）和橄欖油做成的醬汁，或只是單純地拌蕃茄醬汁食用。

■ 紐紋麵（casareccia）

側面呈S形的特殊扭曲狀，原文有「手工製作」的意思。在西西里，人們會以杏仁、蕃茄、羅勒、大蒜和橄欖油做成的特拉帕尼缽醬（pesto alla trapanese）來搭配紐紋麵，是一道適合天氣炎熱時享用的麵食。

■ 麵片（maltagliati）

是由義大利文的「壞」（male），以及動詞「切」（tagliare）組合而成的。原先是在製作寬扁麵時，將切剩的邊邊收集起來，因此呈現不規則片狀。而市售的乾燥麵片多半做成菱形片狀，適合加入湯裡食用。

■ 豆形麵（fregola）

和北非小米（couscous）類似，但顆粒較大。一般品質好的義大利麵會強調使用低溫乾燥，但豆形麵的特色在於它會用烤箱來烘乾。高溫乾燥的結果便是帶有特殊香氣，以及較粗的孔隙。像北非小米一樣加入海鮮湯做成薩丁尼亞海鮮湯麵（fregola in cassola），粗大的孔隙可以吸飽鮮美的湯汁。

■ 米形麵（orzo）

原意是「大麥」。通常並不會直接煮成一盤當正餐吃，而是加到蔬菜湯或沙拉當中。

耳朵麵 ©劉煜仕

紐紋麵 ©Clubalogue

LE CREUSET
©劉煜仕

麵與醬的完美結合

義大利麵的口感和味道講求「對的平衡」，才算道地。

文・徐銘志／攝影・劉煜仕
料理示範・Solo Pasta

義大利麵很簡單，也很複雜。簡單的是，光靠麵粉、水或雞蛋，就能製作出義大利麵。另一方面，正因為材料唾手可得和各地的氣候、風土大不同，義大利麵很百變，現存多達上百種不同造型的義大利麵，若配上醬汁，組合更多元，正是複雜之處。

你是不是也曾被菜單如奏摺般長的義大利麵店家給嚇到，不知從何選起？還是你也遇過明明就像中式炒麵，卻宣稱賣的是義大利麵的餐廳？或者，即使吃過不少義大利麵，你卻還是分不清楚，吃的算是道地的義大利麵嗎？

搞懂義大利麵更深細節的同時，也代表你能吃到義大利麵的精髓。或者，能因了解它而做出更有自信的選擇，像是，若到義大利遇上存心想欺騙觀光客，而端出一點也不道地的義大利麵店家時，你也能熟門熟路的告訴對方：請端出真正的義大利麵。甚至，最後你也可以不喜歡真正道地的味道，而選擇其他風格的義大利麵。

最容易判斷一款義大利麵是來自北義或南義的關鍵，是食材，同樣是千層麵，酪農業發達的北義，通常會在烹調時加入奶油、牛奶等，例如「波隆那肉醬波菜千層麵」。而南義多以番茄醬汁為主。此外，自古以來栽種粗粒小麥的南義，吃的多半是以該小麥製作的乾燥義大利麵。不適合栽種粗粒小麥的北義，則以普通的麵粉、能增加嚼勁的雞蛋來製作義大利麵。但雞蛋麵無法久置，所以通常現擀現吃。

然而，由食材達人徐仲，曾在《義食之選》（食材文化出版）說，「要記住義大利麵條的名字實在太難了。第一次接觸到義大利麵條時，只知道Spaghetti……一種又一種的名字源源不絕地蹦了出來，我的腦筋開始當機。」《義大利就是PASTA王國》（謬思出版）作者鈴木奈良，即使長期跟著義籍丈夫定居義大利，甚至在書中提到，「就算是同一種義大利麵，在各城鎮也會有不同的稱呼，有很多連義大利人自己也完全不知道。」這或許也是魅力所在：變化無窮的特質，讓義大利麵百吃不膩、風靡全球，連台灣也不例外。

只是，當義大利麵館如雨後春筍般出現之際，你吃進嘴裡的，究竟是義大利人看到會苦笑搖頭，還是血統純正的道地義大利麵？每年總是會帶團深入義大利吃美食的林靜芳，作了個有趣的比喻，如果不深入探究義大麵的各種經典，而將義大利麵胡亂烹調、搭配，就像是不懂東方麵食的西方人，誤把意麵煮成大滷麵般，不搭且怪。

麥粉 ©劉煜仕

其實，光從端上桌的一盤義大利麵，你就能如眼尖的偵探看出許多端倪，知道這盤義大利麵的身世、血統夠不夠純正。

辨別道地義麵的關鍵

首先，道地的義大利麵可分為兩種，其一為麵條裹著醬汁，甚至醬汁的滋味已充分滲透麵條，譬如充滿海鮮醬汁味的海瓜子或蛤蜊麵。一為煮好的麵條，淋上濃稠的醬料隨即端上桌，像是波隆那肉醬麵，以及若經火炒、羅勒香草的香氣則會揮發跑掉的青醬麵。但無論如何，義大利麵絕對不會帶著湯湯水水的醬汁上桌的。醬汁滿溢的義大利麵只是代表，醬汁並未和義大利麵完美結合。徐仲說，有些店家為求快速，先將義大利麵煮好分裝，並預先放入冷藏保存。如此一來，麵體會逐漸膨脹，無法再吸收醬汁，所以只好靠湯湯水

水的醬汁，來強化味道。這類的店家，從菜單上看起來濕答答的義大利麵圖片，就可識破。

每年皆赴義大利學作義大利菜的「J-Ping Cafe」、「Solo Pasta」負責人兼主廚王嘉平說，端上桌的義大利麵不「拖泥帶水」，並不表示烹調的過程沒有湯汁。原來，有些煮好的義大利麵得用中小火把醬汁慢慢收乾，把味道帶進麵條裡。這個過程更需要火候和時間。他說，若是大火快炒，醬汁快速蒸發，麵條也往往不易吸飽醬汁。

第二，道地的義大利麵其實沒有過多搶戲的配角，也不華麗。也就是說麵是主角，配料並不會多到嚇人。徐仲舉例，在義大利所謂的青醬義大利麵，就是青醬淋在煮好的義大利麵上，趁熱拌開即可享用，純粹享受麵和醬的絕美搭配，很少再加上其他的食材來干擾味覺。這和義大利人用餐習慣有關。通常正式的義大利餐點由開胃菜、第一道、第二道和甜點所組成。而第一道通常是指飯或麵，之

海瓜子清炒吉他麵 ©劉煜仕

後才是肉類主菜。因此，此時端上桌的義大利麵通常很單純，不會把一塊炸豬排或牛排擺在義大利麵上，且分量也不會太多。當然，這樣一盤視覺清爽的義大利麵，對於吃慣重口味的人來說，一定會很難接受。但是，只要麵本身夠好，且和醬汁完美搭配，你也會愛上這種滋味的。

第三，則是讓義大利麵加分的橄欖油。講究一點的義大利麵會在烹調好後，淋上初榨橄欖油（Extra Virgin Olive Oil），增添香氣。

第四，從義大麵的食材和風格來辨別。義大利菜肴通常特別講究食材的真滋味，很少會把義大利麵搞成大雜燴。

帶點美式的義大利麵，通常分量很大，「誠意十足」，一位曾在美國知名飯店當行政主廚的義大利人安傑歐・波士可（Angelo Bosco）告訴我，在義國一份義大利麵的分量約為八十五克，可是到了美國，麵成了一百八十克，足足兩倍，且還要加上一大坨的醬料。他笑說，整個分量都膨脹了，難怪美國人把自己養得越來越肥。

若是日式的義大利麵，和日本人重包裝的特質有關，非常講究擺盤，盛盤若不美恐無法上桌。這類的店家懂得端出稍具口感的麵條，且會推出明太子、牛蒡、炸豬排等和日本食材相關的義大利麵。

而台式義大利麵，最常見到彷彿淋過雨的濕答答義麵，因為不講究，麵像給沒牙老人吃的一樣，又糊又爛。至於港式義大利麵，徐仲說，他們講究高檔食材，可看到龍蝦、鮑魚、魚子醬等入菜，這類港式義麵，其實也在台灣擁有支持者。而稍微講究的道地義式麵館，則多半開始強調所用的義大利麵品牌及麵是現點現煮的新鮮品。

至於吃進口中的義大利麵，該具備什麼口感和味道才算是道地？王嘉平和徐仲異口同聲的說，「對的平衡。」聽起來很玄，徐仲解釋，麵和醬料是伙伴關係，當然要求平衡。這就像在跳雙人國標舞，不但不能搶了對方的風采，還得小心翼翼，不能表現失常，拖累整場表演。轉換成義大利麵，就成了嘗起來要有麵的口感、麵的香氣，又要伴隨著醬汁的味道。

要嘗到麵香和口感，好麵條絕對重要。南方較盛行的乾燥義大利麵，以蛋白質、筋性、麩質含料較高的杜蘭小麥所磨製的粗粒麵粉，製作而成，嘗起來較有口感。而北方較盛行的新鮮義大利麵，則是由普通麵粉、水和雞蛋製作，也稱雞蛋麵，口感不如乾燥義大利麵來得硬，更能嘗到麵粉本身的香氣。

雖然南義的乾燥麵很風行，北義以新鮮義大利麵聞名，但也有一些例外。義國東南方、盛產杜蘭小麥的普利亞（Puglia），會用杜蘭小麥磨成的粗粒麵粉，加雞蛋來製作新鮮義大利麵，增添口中嚼勁。不過，徐仲也提醒，並非所有標示杜蘭小麥製成的義大利麵就是品質代表。畢竟，光是杜蘭小麥就多達數百種。在義大利若是講究，甚至會標示用的是哪款杜蘭小麥，是單一品種還是混合多種杜蘭小麥。在台灣則尚未有餐廳標示麥種，頂多標示義大利麵品牌。

古典波隆那肉醬與特寬雞蛋麵 ©劉煜仕

煤炭工人麵 ©劉煜仕

吃出道地品味有撇步

1 為什麼道地的波隆那肉醬麵不炒一炒再上桌？

波隆那肉醬麵將肉醬淋在寬扁義大利麵上的做法由來以久，是傳統義大利麵兩種做法之一（一為讓麵條在醬汁中收乾，一為在義大利麵上淋醬）。只要選對和醬汁匹配的麵條，義大利麵也能有完美演出。這就像中式的炸醬麵，你不會想請店家去炒一炒再上桌一樣。

2 點義大利麵時，能不能任意更換義大利麵條的種類？

若為道地的義大利麵做法，是不建議更換義大利麵的，畢竟什麼麵適合什麼醬汁，都已經根據最佳經驗值流傳已久。

3 能不能請店家額外增加義大利麵的分量？

麵和醬有其一定比例，不建議多加額外義大利麵的分量上去，不然義大利麵講求的平衡，很容易就走味了。

4 什麼義大利麵都適合加起司？

很多人不管三七二十一，只要義大利麵一上桌就撒上為數不少的起司，其實這不一定對。一般來說，起司容易蓋過海鮮的鮮味，所以兩者是不會擺在一起食用的。這也是為什麼含起司的青醬，在義大利是不會拿來拌海鮮的。

5 義大利麵適合加Tabasco辣椒醬？

在義大利麵加Tabasco辣椒醬是很美式的做法，現在義大利觀光區的一些餐廳也都擺上Tabasco辣椒醬。由於該辣椒醬帶點微酸的滋味，很容易搶走義大利麵的風采，若想增加義大利麵的辣度，建議可向店家索取辣橄欖油。

威尼斯墨魚細麵 ©劉煜仕

製麵模具影響麵條品質

麵條好不好也關乎製作過程，製麵模具更是關鍵。一般來說，銅和不鏽鋼模具為兩大派。以銅模具壓出的義大利麵條，因為銅的表面阻力大，讓麵條表面產生粗糙、凹凸有致的質感。比起阻力小的不鏽鋼模製麵條（能快速壓出義大利麵），銅模麵條更能吸附醬汁，被視為較優質的麵條，價格也可能比快速製作的義大利麵貴上二、三倍。像是，得科（De Cecco）、戴勒維迪（Delverde）等義大利麵品牌，現在在台灣也頗常見到。

下次進到餐廳前，或許你也可以詢問：你們用什麼品牌的麵條？它的特色呢？我們特地進行一場義大利麵盲測，拿一般超市買得到的台產、不鏽鋼製義大利麵（一包新台幣四十元），和以銅模具製成、且低溫乾燥的戴勒維迪義大利麵（一包新台幣一百六十元），來超級比一比。

第一場，煮好的麵條淋上些許橄欖油，什麼都不加，比香氣和麵條口感。剛開始，兩者的口感差異並沒有很明顯，可是過了五分鐘，其中一款麵條忽然變得軟爛，毫無口感可言，這是台製義大利麵。

第二場，將煮好的義大利麵拌上醬汁，比麵條吸附醬汁的能力。很明顯的，有一款麵條，醬汁和麵條的味道是分離的，麵條進入口中後，醬汁的味道很快消失，獨留麵條滋味。另一款，則是咬下的每口麵，都伴隨著醬汁。

答案揭曉，這是銅模具製成的義大利麵，兩場皆勝出。有了比較，我終於

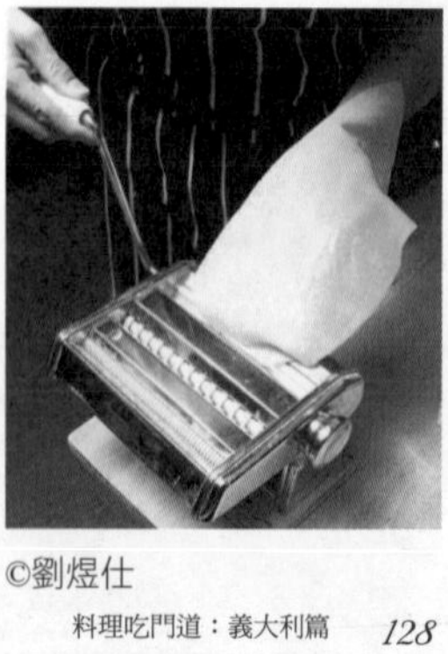

©劉煜仕

更能體會，平衡是什麼，那是每一口咀嚼，都有麵都有醬的完美搭配，每吃一口都感受得到食物的真滋味。但，究竟什麼麵條該配什麼醬汁？原則上，在長麵中，圓直麵（Spaghetti）算是安全牌，和多數醬汁都算搭配。細麵適合輕淡醬汁，扁麵則適合稍濃醬汁。若是想吃需要和醬汁緊緊抓牢的麵款，就該選用有孔或因造型能沾附醬料的短麵。像是類似中華麵點貓耳朵的耳朵麵（Orecchiette），就是因為義大利普利亞區在百年前相當貧困，當地婦人為了要讓麵條沾附更多番茄糊，才製作出來的。

©劉煜仕

義大利人的義麵吃法

1義大利麵何時開始引領風騷？

義大利麵的起源眾說紛紜，不過，相傳羅馬帝國時就有利用豆類、小麥等穀物煮成糊狀的主食。至於乾燥的義大利麵約在十四世紀開始，在南義大利開始普及，那兒陽光充足、有從山吹下來的熱風、有從地中海吹來的海風。十七世紀，在大航海時代的背景下，番茄傳入義大利，拿來與義大利麵搭配，更具推波助瀾之效。

2 義大利麵怎麼吃最道地？

不像台灣人一上餐桌就有麵包送來，義大利麵上桌前，義大利人不太會點麵包的。而是在吃完義大利麵後，才點麵包，用來沾盤上剩下的醬汁，讓盤子乾淨的有如沒裝過東西般，也是對廚師表示敬意。

3 義大利人在家怎麼吃義大利麵？

不像在外頭餐館，有精緻的擺盤和一人一份，義大利人在家吃義大利麵，通常是煮好一大鍋，再分給餐桌上的每個人。

4 叉子是吃義大利麵的好夥伴？

最早，義大利麵被定位為庶民美食，是直接用手抓麵吃的，直到十九世紀，都還可以在義大利街頭看到以手抓麵而食的民眾。但由於義大利麵的魅力大太，王公貴族也想一嘗，於是開始使用叉子。剛開始叉子叉尖為三根且過長，後來才把叉尖增為四根且變短，便於食用短麵。

5 各國對義大利麵瘋狂的程度？

最愛義大利麵的國家，當然非義大利莫屬了，根據「歐盟義大利麵產品製造商組織聯盟」（UN・A・F・P・A・）的統計，二〇一〇年義大利人每人每年平均吃掉二十六公斤、約三百盤的義大利麵。除了第二名的委內瑞拉外，第三名的突尼西亞，第四名的希臘，都是地中海國家。亞洲唯一上榜的則是日本，每人每年平均吃掉一・七公斤、約二十盤的義大利麵。

©劉煜仕

輕鬆掌握料理訣竅

八大重點煮出道地可口義大利麵。

文・盧建邦／攝影・劉煜仕
料理示範・Solo Pasta

怎麼煮才能煮出好吃的義大利麵呢？英國最知名的義大利主廚，也是倫敦一星餐廳「Locanda Locatelli」的經營者喬治・羅卡特利（Giorgio Locatelli）提到了煮麵方程式：一公升的水，一百克的麵，十克鹽。合適的煮麵水比例，再掌握住一些原則，便可在家輕鬆煮出道地美味的義大利麵：

第一，「人等麵，麵不等人」是王嘉平師傅對於義大利麵的基本要求。有些餐廳為了出餐快速，怕客人等，便會試先將麵條煮熟，拌橄欖油防沾黏再放涼。如此一來，當客人點完餐以後，只要把煮好的麵條放入醬汁裡加熱，便可在兩三分鐘內端給客人了；也有人為了圖方便，會在家一次煮好幾餐分量的義大利麵，再分裝成小包冷藏。而彈牙的麵條中心會帶有韌度，咀嚼時口感是有層次的。但煮好的義大利麵在放涼時，會先從表面開始降溫，中心的餘熱會持續讓麵條變更軟。最後麵條外表和中心的口感會趨近一致，自然

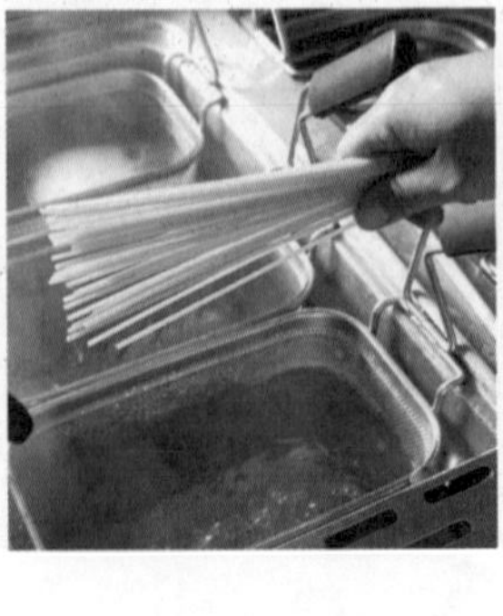

也不會有彈牙的口感了。因此，儘管煮麵較花時間，吃麵之前才開始燒水煮麵，是煮出彈牙美味的基本要點。

第二，撈出來的麵馬上加入醬料煮，或淋上醬料馬上吃。有些人會在麵條煮好時放在水龍頭底下沖冷水。一旦沖了冷水，麵條表面的澱粉被洗掉，就沒有那麼能沾裹醬汁了。因此麵條撈出來後，要不是加到醬汁裡繼續煮，就是淋上不需要再和麵條一起加熱的肉醬或青醬醬汁直接吃。

第三，選對麵條的種類。羅卡特利提到說，「義大利人永遠是先看手邊有什麼麵，再決定要怎麼去煮」，因為「用了不適合那種麵的醬料是在浪費材料」。

第四，重視麵條的品質，也重視其他材料的品質。很多人會以「用料是否大方」做為義大利麵好壞的評斷標準。但若是吃過細心烹煮的大蒜辣椒麵（Aglio, Olio e Peperoncino）或起司胡椒麵（cacio e pepe）的人，恐怕都會被那種單純美好的滋味所感動，而捨棄那盤加了培根、雞肉、各式蔬菜、撒滿乾燥巴西里的大雜燴。選用好的橄欖油，好的起司，好的酸豆、橄欖等醃漬食品，重視每樣材料的品質，才不會糟蹋了好的麵條。

第五，煮麵的時間可以參考包裝上的建議，再依照麵條是否需要和醬料一起烹煮縮短一到兩分鐘。可以依照個人口感試吃，但建議不要煮太軟。煮過頭的麵不但口感差，也會失去杜蘭小麥細緻的麵香。吃過煮得恰到好處、品質良好的麵條，便可以理解為何義大利人絕對不會為了討好外國人，而將麵

條煮過頭了。

第六，煮麵時水要保持大滾。不夠強的火會把麵「悶」熟，如此一來，便無法煮出彈牙的口感。

第七，保留適量的煮麵水。煮麵水可以適度增加醬料的濃稠度，對於醬料只有橄欖油的麵也會有乳化的效果。

第八，一次不要同時煮太多人份。儘管煮麵水可以遵照一定比例，但一次放入大量的麵條會使水溫降低較多。此時要是火爐不夠力，水要重新沸騰要花更多時間，且麵在沸騰期間等於是在熱水裡悶。若是必須同時煮較多人份的麵，最好還是分成兩鍋或以上去煮。

只要掌握住上述八大重點，要做出連義大利人都讚不絕口的義大利麵就再也不是難事了。

薄脆Q酥小麥香

抛開對披薩的刻板印象，
享受正港義式披薩的絕妙滋味。

文・徐銘志／料理示範・Trattoria di Primo、
佐作義式窯烤披薩屋、托拉斯特義大利餐廳

你對披薩（Pizza）的印象是什麼？是每逢派對聚會、公司加班叫來的外送披薩？還是厚厚的美式披薩總是難以下嚥，每次剩下的一堆餅皮都可以堆成小山？

到底有沒有讓人可以盡情吃光光、不浪費的披薩？有的，台灣已經有越來越多強調義大利風的披薩店，不走大型連鎖路線，卻有著義大利披薩店小而美的精神。不同美式披薩的厚厚餅皮，義大利風的披薩嘗來清爽許多，你更能從中吃出披薩這種庶民美食的魅力。

比起種類繁多的義大利麵，披薩則顯得單純多了。這種把餡料放在餅皮上烤製的食物，和麵包頗為雷同。較大的差異是，披薩多半現點現做，上桌時還會冒著熱騰騰白煙，若有起司的加料，餡料和起司你儂我儂，總是誘人。

薄韌北義披薩

薄的餅皮帶著些許韌度，又還不到彈牙程度，是北義維洛那、米蘭常見風格。

香脆羅馬披薩

又薄又脆的餅皮，幾乎一掰即碎，吃起來很有餅乾的感覺。

Q彈拿坡里披薩

中間薄、外圈厚，餅皮嘗起來Q彈富口感，邊緣略帶烤焦黑色為其特徵。

©劉煜仕

曾在義大利攻讀美食科技大學碩士的徐仲分析，在吃披薩上，台灣和義大利最大的不同是，台灣人似乎都只看披薩的派頭夠不夠，也就是用料豐不豐富，而忽略了披薩的內在美——麵皮本身的滋味。他說，「在義大利人眼中，剩下麵皮要丟掉，是很不可思議的事情。」這或許和台灣過去普及率高的美式披薩訴求用料多變，而非餅皮香酥有關，讓大家忘了披薩美味的關鍵之一，其實在麵皮。

在義大利甚至很多佐餐麵包替換成烤披薩薄餅，上頭什麼料也沒有，卻能嘗到麵粉經過火烤的香酥與回甘滋味。很多義大利暢銷款披薩的用料也很簡單，以知名的、源自中部拿坡里的瑪格麗特披薩（Pizza Margherita）來說，上頭只加了番茄糊、水牛起司和羅勒（Basilico）香草這三種食材，其他的什麼也沒有，不見大魚大肉，卻能讓許多人回味無窮，正是食材和麵皮的組合，恰到好處。

很幸運的，若你現在想嘗到貼近義大利一點的各式披薩，並不用舟車勞頓飛一趟義大利，台灣就有。不管是義大利北部口感很脆的羅馬式，還是中部吃起來彈牙的拿坡里式，都能找得到。

不過，這兩種披薩各有各的特色，頗有差異，並非如你想像中一樣千篇一律。

像是，印象中披薩師傅總是會用上擀麵棍，把披薩餅皮來回擀平，甚至會把餅皮拋向空中，讓餅皮越變越大，越來越薄。這就是製作羅馬式才有的畫

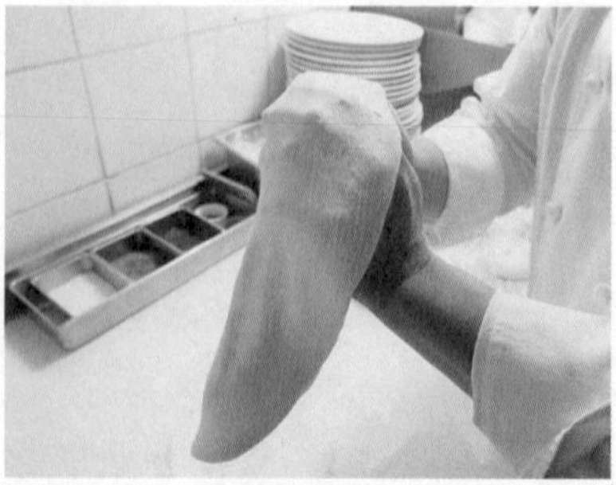

©劉煜仕

面，並不會出現在拿坡里式的披薩製作過程。

在台灣較常見到的羅馬式披薩的特色是，餅皮又薄又脆，麵皮的延展性並不高，有點像在吃脆餅，輕輕一掰即碎滿地。要製作出這樣的餅皮，從麵糰的處理就得費功夫，除了使用基本的麵粉、酵母、水和鹽來製作麵糰外，也增加了牛奶、奶油、蛋添香氣，以及會讓口感變脆的橄欖油。

羅馬式披薩的麵皮薄如紙，食量小的女生也能盡情的獨享一張披薩，而不會太飽。通常來說，羅馬式披薩厚度約在〇・一公分左右，這也是使用擀麵棍之故，把餅皮均勻的擀平。困難的是，要在薄薄的餅皮上頭塗上濕潤的醬料、撒上各種食材，又要確保餅皮不能破洞，這就是技術所在。

拿坡里式披薩則是近幾年才傳入台灣。從外觀來看，有幾項特徵：一，披薩中間薄、外圈厚；二，外圈帶有微微烤焦紋路，很多人稱之「豹紋」。以口感而言，外圈的麵皮表層酥內層Q彈，咬起來就比羅馬式披薩需要稍微費點口勁。因為中間薄外圈厚的特色，也能「雙享受」、吃到兩種不同的口感。

由於要製作出中間薄外圈厚、帶有彈性的餅皮，拿坡里式披薩只能以麵粉、酵母、水和鹽來製作麵糰，且不能用擀麵棍，只能高喊雙手萬能，用手來延展麵糰。光是麵糰就得經過兩次發酵，並不能把麵糰丟進冷凍庫，以確保酵母的活性，讓麵糰軟中帶韌。

其實，拿坡里式披薩還有認證這一回事。這是「正統拿坡里披薩協會」

（Associazione Verace Pizza Napoletana），為了確保傳統披薩製作技術和品質而推廣的，對認證店家所使用的食材和工序有嚴格規定。目前在全球各地有不少拿坡里式披薩店家拿到認證，台灣也有業者正在積極爭取中。

另外，最近台灣也出現介於羅馬和拿坡里式披薩的中間，既不脆、也不Q彈的一般義大利式披薩，這是義大利大街小巷也容易見到的。其餅皮看起來頗薄，又略帶口感，麵香很夠。更不強調用料，常見的火腿、橄欖、不同起司等就能組合出許多口味的披薩。

在義大利，尋常人家很少會如同親自做義大利麵一樣在家做披薩，畢竟烤披薩的溫度頗高。一般來說，羅馬式披薩約在攝氏三、四百度之間烤熟，而烤製拿坡里式披薩的溫度更高，約在攝氏四百五十度左右。而且，避免味覺相互干擾，他們通常一人一張披薩，鮮少與別人共食數張披薩。

雖然對義大利人來說，披薩不過就是張加料的大餅，也登不了高級餐廳殿堂，不過，這張大餅的魅力就如同義大利麵一樣，正向全世界席捲蔓延。

下次，吃披薩時，或許你也能嘗試正港義大利風味，拋開既定的刻板印象，好好享受麵皮和食材，絕妙的搭配。

©呂恩賜

義大利披薩小知識

1 披薩怎麼蹦出來的呢？

披薩的起源說法很多，大部分與麵包有關。據說，披薩來自於一種名為佛卡夏（Focaccia）的麵包。根據《美食考：歐洲飲食文化地圖》（貓頭鷹出版），「披薩這個詞，約於一五三五年開始出現在拿坡里地區方言裡。當時有甜鹹兩種版本，甜披薩填有杏仁餡，專供富人當甜點享用。鹹披薩最初只有塗上豬油在路邊販賣，是窮人當正餐填飽肚子的食物……。」

2 讓披薩贏得好名聲的關鍵是？

十九世紀末，義大利剛統一不久，當時國王安貝托一世（Umberto I）帶著王后瑪格麗特到拿坡里訪問，到當地的披薩店用餐。當時，只加了番茄、白色水牛起司和羅勒香草的披薩深受王后喜愛，詢問廚師那叫什麼披薩，廚師當下以王后名字瑪格麗特來命名。此後，與義大利國旗綠、白、紅相互呼應的這款披薩就廣為流傳。

3 點什麼口味最經典，讓你也能成為「巷仔內」？

要說到義大利傳統的披薩，則非讓披薩聲名大噪的瑪格麗特披薩和大蒜番茄醬披薩（Pizza Marinara，又稱水手或漁夫披薩，源自何處已不可考）。大蒜番茄醬披薩只塗抹以簡單的大蒜、番茄和奧勒岡葉所做成的醬汁，在早期深受漁夫所喜愛。

4 只有圓形的披薩才叫披薩嗎？

披薩並非只有圓形。在西西里島流行四方形的披薩，在上頭放上大量的蔬菜。也有一種披薩義大利文叫「Calzone」，這是將麵皮撒滿餡料後，再對折起來去烘烤，很像是大尺寸的水餃。

5 用手、或是以刀叉吃披薩，會感到困擾嗎？

雖然沒有特別規定，但一般來說，在正式的餐館，一定會使用刀叉，要吃多大自己切，因為剛烤起來的披薩很燙，這樣的吃法看起來也比較優雅。當然你也可以將店家切好的披薩直接以手豪邁的拿起來吃。若在義大利的路邊攤，因披薩尺寸會比店裡賣的小，攤販會將披薩對折再對折，並用紙包著遞給顧客。

6 「正統拿坡里披薩協會」是閒閒沒事的公會嗎？

正統拿坡里披薩協會的出現，是要確保傳統義大利披薩的製作方法得以保存，且品質也有一定的水準。因此，該協會在全球推廣拿坡里披薩認證。要拿到認證並不簡單，除了得使用來自義大利的麵粉，以及遵循麵糰發酵比例和流程，所使用的番茄、起司、橄欖油等都有建議使用的品項，甚至連烤爐也要是材燒的。

不可不知的經典披薩

道地披薩在製作上有嚴格規定，
又以餅皮本身的美味程度，分辨披薩好壞。

文・盧建邦

風靡全球的披薩，受歡迎程度大概和義大利麵不相上下。而食物一旦傳到世界各地，也不免衍生出各式各樣不同的口味和做法。如同早期台灣接觸到的多半是大型連鎖店的美式披薩，在鬆厚的餅皮上放了大量餡料。直到最近幾年，標榜正統拿坡里披薩的店愈來愈多，也有數家店得到了正統拿坡里披薩協會的認證，人們能接觸到的披薩種類也就愈來愈多了。

以被認為是披薩發源地的拿坡里來講，為了維護和推廣道地的拿坡里披薩，正統拿坡里披薩協會於一九八四年創立。在義大利國內外的披薩店若是對自己的拿坡里披薩有信心，可向協會申請認證。協會檢驗是否合格的條件為：麵團必須完全手工整形，不得藉由擀麵棍或機器、窯烤時間六十至九十秒、直徑不能超過三十五公分、中心厚度不能超過〇・四公分、外圍餅皮厚一至二公分、有輕微的烤焦點和氣泡、底部要呈金黃色等等。另外，瑪格麗

©劉煜仕

特和水手風味（marinara）是必須要有的兩種口味。

而除了水手風味和瑪格麗特兩種口味以外，協會對其它口味的披薩並沒有太大限制。那麼，該如何分辨其它披薩的好壞呢？就像烹調方式、材料和調味不當的義大利麵吃不出麵條本身的風味口感一樣，好的披薩也不應該因為材料加太多、調味太奇特而遮蓋了餅皮的美味。

比起拿坡里披薩，羅馬式披薩雖然名氣沒那麼響亮，但在台灣的普及程度也不相上下。美式連鎖披薩店的薄脆餅皮，其實就很接近羅馬式披薩。另外必須提到的是，拿坡里披薩店的羅馬風味（romana）指的是加了蕃茄、莫札瑞拉起司、鯷魚和牛至的披薩口味，而非皮擀得極薄、口感酥脆的羅馬式披薩。

事實上美式披薩不管在外型還是口感，都和拿波里披薩或羅馬披薩都差異甚大。而西西里式佛卡夏（sfincione）有著較鬆厚的麵團，配料也下得較多，口感其實更接近我們所熟知的美式披薩。

常見的披薩口味

在外國人眼中被視為義大利國民美食之一的披薩，流傳到世界各地以後，也像義大利麵一樣發產出很多不同口味。但實際上，披薩在義大利的普及性及消耗量都比我們想像要少很多，經典口味也只有幾種。以現在台灣也相當流行的拿坡里披薩來講，最經典的不外乎是「水手風味」和「瑪格麗特」兩種口味。這兩種披薩不但是拿坡里披薩店必備口味，正統拿坡里披薩協會在授與認證時，也會對這兩種披薩有特別嚴格的規定，甚至連蕃茄的切片、擺放方式都不得任意：

水手風味（Marinara）

材料有蕃茄、大蒜、奧勒岡、橄欖油。據說拿坡里漁民出海捕魚，回來後都會吃這種材料簡單的麵餅而得名。因其知名度不若瑪格麗特披薩那麼高，很多人在評斷一家披薩店好壞與否時都會優先品嘗瑪格麗特披薩。但王嘉平師傅認為最簡單的「水手風味」，卻才是真正的入門款披薩。

瑪格麗特（Margherita）

一八八九年，拿波里披薩店「布蘭蒂」（Brandi）經營者拉斐爾．艾斯波西托（Raffaele Esposito），以莫札瑞拉起司、蕃茄和羅勒，製作出了和義大利國旗相同顏色的披薩來向瑪格麗特女王（Margherita di Savoia）致敬。由於瑪格麗特女王相當喜愛這款披薩，後來便以瑪格麗特為披薩命名。比起很多源由不確定的食物，瑪格麗特披薩這段被認為是史實的由來，也變成了最常被後人傳頌的披薩故事。製作瑪格麗特披薩的莫札瑞拉起司有兩種：水牛莫札瑞拉（mozzarella di buffala）和乳牛莫札瑞拉（fior di latte）。至於用了冷凍披薩起司絲，或是其他國家生產的脫水莫札瑞拉起司做成的披薩，都不能算是真正的瑪格麗特披薩。

除了兩款最經典的披薩外，還有很多在披薩店（pizzeria）常見的名字。但這些披薩在不同的地方，材料可能略有出入。大致上來講，常見的有：

■ **總匯披薩**（Capricciosa）

材料有蕃茄、莫札瑞拉起司、蘑菇、朝鮮薊、橄欖、蕃茄和火腿。在義大利文裡有「善變」、「搞怪」的意思（古典樂當中的隨想曲〈capriccio〉也是來自於同一個字）。

■ **四季披薩**（Quattro Stagioni）

材料和總匯披薩差不多，但四樣材料會被分別放在四分之一塊餅皮上面。

■ **四種起司**（Quattro Formaggio）

材料當中會有四種起司，但不一定是哪四種。可能會拿來製作四種起司的有莫札瑞拉起司、戈根佐拉（gorgonzola）、馬背起司（caciocavallo）、波羅芙洛（provolone）、帕米吉安諾（parmigiano-reggiano）、瑞可達（ricotta）、羊奶起司（pecorino）、風堤納（fontina）、塔雷吉歐

（taleggio）、葛呂耶爾（gruviera）等等。

■ **羅馬風味**（Romana）

材料有莫札瑞拉起司、蕃茄、鯷魚、奧瑞岡、大蒜。

■ **綜合蔬菜**（Ortolana）

莫札瑞拉起司以及任何適合搭配披薩的蔬菜。Ortolana在義大利文是「菜販」的意思。

■ **披薩餃**（calzone）

義大利文的意思是「襪子」。做法將披薩餅皮對折，包住餡料後烤。但使用什麼材料並不一定。

除了這些菜單上常見的名字，還有些在披薩店可能不會出現，但和披薩也有相當程度血緣關係的麵食：

■ **炸披薩**（pizza fritta）

由於在製作時設備有一定的需求，一般人在家幾乎無法做出合格的拿坡里披薩。倫敦「狼嘴」（Bocca di Lupo）餐廳主廚雅各·甘迺迪（Jacob

Kenedy）提到了在沒有窯爐的情況下，若想填補內心對披薩的渴望，可以試試看炸披薩。以麵皮將餡料包起來，通常是瑞可塔起司，可能還會加入莫札瑞拉、豬油，或是苦苣（scarola），就像披薩餃的形狀一樣，接著下鍋油炸。這也同樣是拿坡里著名的小吃。

■ 普羅旺斯烤餅（pissaladière）

在較厚的麵皮上鋪鯷魚、橄欖和炒過的洋蔥，但也有人使用加了奶油的派皮來製作。雖然原文名稱念起來和披薩很像，但其實它是從尼斯語（Niçard）的鹹魚（peis salat）演變而來的。當伊莉莎白·大衛在亞維儂（Avignon）一家烘焙坊問到普羅旺斯烤餅的時候，老闆剛開始沒有會意。後來她指著烤餅，老闆便回答：「女士，這是普羅旺斯披薩」。由此可知，即使在擁有自己飲食文化的地區，仍舊受到拿坡里披薩這廣為人知的食物的影響，以至於在心中存有一個對食物的刻板印象。

©劉煜仕

從方餃到燉飯

麵食、米食百百種，滿足義大利人的胃。

文・盧建邦

在義大利，以麵皮包著餡料煮的麵食有很多種名稱。這裡簡單介紹較常見的兩種：

1 方餃（ravioli）

一般會以麵皮蓋住餡料後切成方形。在義大利多處都有方餃這樣食物，因此名稱來源有很多可能。一個說法是，這個字是從義大利文的動詞「包覆」（ravvolgere）而來的。方餃的餡料因地而異，其中以填了牛肉、小牛腦、小牛胸腺等材料的熱那亞方餃（ravioli alla genovese），被認為是最經典的方餃之一；而曼圖瓦（Mantova）地區，包了南瓜泥、杏仁餅乾（amaretti）和芥末水果（mostarda）的南瓜麵餃（ravioli di zucca），則是內餡較特別者。

關於方餃，還有段著名的故事。在薄伽丘（Giovanni Boccaccio）的《十日談》裡頭講到，一群住在帕米吉安諾起司堆成的山上的人，整天什麼事都不

©Marisa Pérez/ Photopedia

用幹，只要把通心麵和方餃丟進閹雞湯裡煮，煮好以後順著山往下倒。一般來講，ravioli會做成方形，但也有可能做成其他形狀。這裡為了和後面的餛飩做區分，故以最常見的形狀來翻譯為「方餃」。

2 餛飩（tortellini）

用麵皮將餡料包成類似我們餛飩的形狀，名稱由義大利文的「蛋糕」（torta）演變而來的。包了摩塔德拉（mortadella）、生火腿（prosciutto crudo）和帕米吉安諾起司的雞湯餛飩（tortellini in brodo）是艾米利亞－羅馬涅（Emilia-Romagna）地區的傳統美味。

即使同樣以義大利麵為材料，焗麵所要求的口感是麵和其他配料烤到軟爛融為一體，而非彈牙（在長時間焗烤的情況下也不可能保持口感）。常見的焗麵大概有幾種：

■ 千層麵（lasagna）

義大利各種焗烤料理當中最膾炙人口的，肯定是千層麵了。而不同地區千層麵有不同做法，最廣為人知的不外乎是以波隆納肉醬（ragù alla bolognese）、白醬、麵皮和帕米吉安諾起司（或是一起加入莫札瑞拉）層層堆疊後，焗烤而成的波隆納千層麵（lasagna alla bolognese）。

©劉煜仕

■ **定音鼓**（timballo）

將煮過的麵、肉類、起司、蛋、蔬菜等材料填入烤模中焗烤。

■ **麵捲**（cannelloni）

以麵皮將餡料捲起來，淋上醬汁，撒上起司後焗烤而成的麵食。

常見的麵疙瘩則有以下幾種：

■ **馬鈴薯麵疙瘩**（gnocchi）

講到義式麵疙瘩，大部分的人腦中立刻浮現的不外乎是馬鈴薯麵疙瘩。用奶油煎鼠尾草當做醬汁淋上去，再撒帕米吉安諾是最簡單的傳統吃法；拌上和馬鈴薯很搭的青醬，或是戈根佐拉做成的醬汁也都非常適合；若想吃得豐盛一點，加了羅勒、莫札瑞拉起司和蕃茄醬汁，配料和瑪格麗特披薩一樣的蘇連多麵疙瘩（gnocchi alla sorrentina）也是南義風味十足的美味。

■ **羅馬麵疙瘩**（gnocchi alla romana）

名稱很類似的羅馬麵疙瘩，做法和馬鈴薯麵疙瘩可是大大的不同。首先要把杜蘭麥粉加進牛奶裡頭，煮到濃稠狀以後加蛋，並且攤平放涼，就像在煮

©劉煜仕

玉米粥一樣。再來用模具壓成圓片，鋪在烤盤上，撒滿帕米吉安諾起司後焗烤食用。

裸露的麵餃（gnudi）

托斯卡尼（Toscana）地區特有的麵疙瘩，原來就有「裸露」的意思。它還有另一個名稱，是「做壞的」（malfatti），由義大利文的「做」（fare）和「壞的」（male）兩個字拼湊而成。做法是將瑞可達起司和菠菜混入一點點麵粉，做成團狀在滾水中煮熟後，拌鼠尾草奶油吃，可以說是把原本應該要包在麵餃裡的餡料直接煮來吃。

不可或缺的米食與麵包

燉飯對於台灣人能有足夠的吸引力，主要原因不外乎是米食和我們慣常的飲食較接近。根據艾蓮娜．柯斯提歐科維奇（Elena Kostioukovitch）所著的《義食之間》中所述，燉飯和義大利麵最大的不同點在於，「米只有少數基本品種，只要別不小心拿到製作米沙拉或亞洲菜的米就好。至於變化無窮的燉飯材料，總是可以在某些食譜書中看到一二。」義大利會用來做燉飯的米，常見的有三個品種：arborio、carnaroli和vialone nano，前兩者皆可在台灣找到。燉飯千變萬化的口味，也的確到了令人驚奇的程度，如蛙腿燉飯、蝸牛燉飯、鰻魚燉飯、檸檬燉飯、蕁麻燉飯、草莓燉飯、巴羅洛紅酒燉飯（risotto al barolo）等等。在翻閱食譜時不禁讓人懷疑，義大利人是不是任何材料都能拿去做燉飯。但在口味眾多的燉飯之中，要說名氣最響亮的是米蘭式燉飯（risotto alla milanse）應該當之無愧。這道據說是以前的人把當做顏料的番紅花加到燉飯裡而產生的美饌，外觀和香氣都十分誘人。春意盎然的青豆飯（risi e bisi）則是威尼斯著名的米飯料理。但通常青豆飯會帶有較多湯汁，也不像一般燉飯會煮到那樣濃稠。

比起吃剩的義大利麵，處理吃剩的燉飯相對來講沒那麼棘手。西西里的美味小吃炸飯糰（arancini），便是吃剩的燉飯最好的歸宿。傳統上會在捏成球的燉飯裡包入肉醬、青豆和起司後，裹麵包粉油炸。金黃色的飯糰，就像西西里島上的重要產物柳橙一樣。這也是它的名稱「小柳橙」的由來。

另外還有將曬乾的玉米磨粉加水煮成的玉米粥（polenta），是義大利北部很重要的主食之一（北義人甚至有「mangiapolenta」這個稱呼，意思是「食玉米粥者」）。帶有淡淡的甜味，適合配燉煮類的菜餚。

台灣人較常看到的義大利麵包不外乎是佛卡夏（focaccia）以及拖鞋麵包（ciabatta）這兩種。前者因為加了橄欖油，口感較鬆軟，相對適合台灣人的口味；而後者脆硬的表皮和內部的大氣孔，儼然成為拖鞋麵包的正字標記。但若是談論起義大利的麵包，托斯卡尼鄉村麵包（pane sciocco）或許更具重要性。這種在過去因為鹽不容易取得而做出來的無鹽鄉村麵包，是很多托斯卡尼菜當中不可或缺的要角，像是麵包沙拉（panzanella）和隔夜蔬菜湯（ribolitta）等等。

至於台灣咖啡店隨處可見的帕尼尼（panini），其實在義大利指的就是三明治，但並不一定是我們所想像經過機器壓烤的那種扁平狀三明治。像佛羅倫斯著名的牛肚包（panino con lampredotto），也受到很多台灣的觀光客歡迎。而加了大量奶油、口感鬆軟的麵包布里歐夾冰淇淋（brioche con gelato），這樣奇妙的組合，卻是西西里人很常吃的早餐。

©劉煜仕

風味篇

©劉煜仕

臘肉與乳製品

在義式料理中扮演重要角色的臘肉和起司，食用方式各有講究搭配。

文・盧建邦
攝影・劉煜仕

義大利人幾乎可以把一隻豬的各個部位做成臘肉（salumi）。而同一隻豬不同部位所做成的臘肉味道差異甚大，也有各自適合的食用方式。但由於義大利肉品目前尚未開放進口，台灣能取得的多半是從美國、加拿大或其他地方生產的。以下是義大利料理當中較常出現的幾種肉類製品：

■ 鹽漬豬頸肉（guanciale）

由我們所稱的「松坂豬」以及周圍的部位製作而成。味道強烈，是「煤炭工人麵」、「阿瑪翠斯風味麵」等羅馬麵食必備的材料之一。其強烈的味道，和羅馬菜當中地位相當重要的羅馬羊奶起司（pecorino romano）可以均衡的搭配在一起。

■ **風乾肩胛肉**（coppa）

用豬肩胛肉（梅花肉）製成，通常是拿來做開胃菜直接食用。

■ **風乾里肌肉**（lonza）

以里肌肉製成。比起其他肉類較不那麼常見，也是直接食用居多。

■ **生培根**（pancetta）

用腹脅肉（五花肉）製作。與一般培根最大的不同是，生培根並未經過煙燻（若是煙燻過的，稱為「pancetta affumicata」），鹹味和肉味也相對來得重。如熱那亞蔬菜湯（minestrone alla genovese）、波隆納肉醬以及許多其他燉煮菜餚或湯，常常會加入生培根增添一種深層濃郁的滋味，可說是各種臘肉裡頭最常被使用在料理當中的。

■ **生火腿**（prosciutto crudo）

除了在台灣很常見，搭配哈密瓜的吃法外，也可以像生培根一樣加到燉菜或湯裡。

■ **鹽漬豬背脂**（lardo）

鹽漬豬頸肉

生培根

在整塊的豬背脂表面抹上厚重的鹽和香料醃漬，以托斯卡尼的科隆納塔豬背脂（lardo di Colonnata）最為有名。由於科隆納塔附近的卡拉拉（Carrara）盛產大理石，人們會將豬背脂堆疊在大理石槽內，依規定至少熟成六個月。和別的部位一樣可以削成薄片直接吃，或加入蔬菜湯裡。它有另外一個比較吸引人的名字：白火腿（prosciutto bianco）。

■ 生臘腸（salami）

台灣也很容易買到的生臘腸，每個地區都有不同的調味方式和做法。除了切薄片生吃，加入蕃茄裡頭煮成醬料也很美味。

八種常用乳製品

和有著上百種起司，名稱又複雜的法國比起來，義大利常見的起司則沒那麼複雜。而起司的使用方式，幾乎是一樣菜就固定用某樣起司做，比如說羅馬式燉牛肚（trippa alla romana）加的是羅馬羊奶起司、米蘭式蘆筍（asparagi alla milanese）會加帕米吉安諾等等。以下是幾種義大利料理當中經常用到的起司：

生臘腸

■ **帕米吉安諾**（parmigiano-reggiano）

有「起司之王」稱號的帕米吉安諾，其法文名稱更廣為人知：帕瑪森（parmesan）。但現今歐洲以外的國家，帕瑪森有可能是工業化大量生產的廉價劣質起司，而非製作歷史悠久的帕米吉安諾。而它的蹤影出現在許多菜餚當中，特別是燉飯，不過海鮮口味的燉飯則除外，因為一般來講，義大利人不會將起司與海鮮一同烹調。

■ **帕達諾**（grana padano）

製作方式類似帕米吉安諾，但規定較不那麼嚴格，通常味道也較淡。使用方法和帕米吉安諾大同小異。

■ **佩科利諾**（pecorino）

綿羊奶起司的總稱。在義大利比較著名的有：羅馬羊奶起司（pecorino romano）、薩丁尼亞羊奶起司（pecorino sardo或叫做fiore sardo）、托斯卡尼羊奶起司（pecorino toscano）和西西里羊奶起司（pecorino siciliano）。台灣最常見的羅馬羊奶起司，是羅馬菜相當重要的元素；而氣味強烈的薩丁尼亞羊奶起司，據說是最早製作青醬時不可或缺的材料之一。

帕米吉安諾

■ 莫札瑞拉（mozzarella）

柔軟多汁的未發酵起司，加上番茄和羅勒，再淋上橄欖油做成開胃菜卡布里沙拉（insalata caprese）最能享受其新鮮爽口的感覺。當然，也會用來做披薩以及其他焗烤類料理。

■ 戈根佐拉（gorgonzola）

世界三大藍紋乳酪之一，另外兩種是法國的洛克福特（roquefort）和英國的史提頓（stilton）。常用來做燉飯或馬鈴薯麵疙瘩的醬汁。

■ 瑞可達（ricotta）

將製作起司產生的乳清再次凝結做成的新鮮起司，有可能是用牛奶或羊奶，原意為「再煮一次」（recooked）。最常見的是新鮮瑞可達和鹽漬瑞可達（ricotta salata）兩種。鹽漬瑞可達和硬質起司一樣，可以刨成絲加在義大利麵上；而新鮮瑞可達是目前台灣較容易買得到的，在義大利也廣泛使用在各式各樣的甜點料理當中，比如說西西里炸起司捲（canoli）和卡薩達蛋糕（casata），以及製做麵餃的填餡和麵疙瘩。

佩科利諾

瑞可達

莫扎瑞拉

帕達諾

■ 馬士卡彭（mascarpone）

乳脂含量很高的新鮮起司，是製作提拉米蘇（tiramisù）時不可或缺的材料。

■ 鮮奶油（panna）

除了甜點，義大利人幾乎不太會使用鮮奶油做菜。但有些料理可能會因為外國人的喜好加入鮮奶油，比如說羅馬一家餐館著名的「阿弗雷多寬麵」（fettucine Alfredo）原本只是拌了奶油撒了起司的寬麵。但到了美國，同樣名稱的麵往往會加入鮮奶油甚至是其他材料進去。另外，「康寶藍咖啡」（caffè con panna）的「con panna」即「加了鮮奶油」的意思。

香草、香料與蔬菜

義式料理不大量使用香料，
蔬菜的食用習慣也與眾不同。

文・盧建邦

許多人對地中海料理的認知是使用大量的香草。但其實義大利料理對於香料的使用，可能不見得像我們所想像的那麼頻繁，很多料理也頂多使用一、兩樣。下面簡單介紹幾種他們常用的香料：

歐芹（prezzmolo）

又稱巴西里、洋香菜，有扁葉和捲葉兩種。一般來講扁葉的較常用到，也有人稱之為「義大利香芹」。在台灣常常用乾燥歐芹來當裝飾，並且被認為是沒味道的東西。其實新鮮歐芹的清香可以讓菜餚增色不少。而以歐芹、酸豆、鯷魚、橄欖油搗製的綠醬（salsa verde），可以用來搭配各種水煮或燒烤的肉類、海鮮，算是義大利菜當中最常被使用的醬料。

©劉煜仕

■ **鼠尾草**（salvia）

略帶清涼的藥草香，讓料理增添獨特的迷人氣味，如牛奶燉豬（maiale al latte）；將生火腿、小牛肉片和鼠尾草串在一起煎的料理「飛入口中」（slatimbocca）；米蘭式燉牛肚（busecca）等等。而鼠尾草用奶油煎過，就是簡易的馬鈴薯麵疙瘩或方餃的醬料；直接裹麵糊油炸也可以當作開胃小菜吃。

■ **羅勒**（basilico）

由於和我們使用的九層塔相近，比起其他香料較為人知，接受度也較高。是製作青醬和瑪格麗特披薩時不可或缺的材料。

■ **迷迭香**（rosmarino）

味道略為刺激，適合加入個性較強烈的肉類烹調方式，像是燙手羊排（abbacchio a scottadito）、燒烤豬肉捲（porchetta）和胡椒燉肉（peposo）等等。

■ **牛至**（origano）

或稱奧勒岡，使用乾燥的居多，時常用來調味披薩，因此也有人稱之為

迷迭香 ©盧建邦

披薩草。

■ 薄荷（menta）

較常用於甜點。但也有些料理會放薄荷，增添一些清涼刺激的氣味，如羅馬式燉牛肚（trippa alla romana）和西西里的糖醋茄子（zucca in agrodolce）、旗魚薄荷麵（pasta con pesce spada e menta）等等。

六種常見蔬菜

義大利人吃蔬菜和我們的習慣有個很大的不同點：除了生吃，菜幾乎都是吃軟的。特別是十字花科的葉用蕪菁（cima di rapa）、黑甘藍（cavolo nero）、皺葉甘藍（cavolo verza）、青花菜（broccoli）等等，煮到軟爛時會帶有一股十分迷人、略苦的滋味。下面簡單介紹幾種義大利常用的蔬菜：

■ 蕃茄（pomodoro）

蕃茄在義大利文裡指的是「金色的蘋果」。從新世界傳來以後對義大利菜影響甚鉅，也令人無法想像當今的義大利菜若是少了蕃茄會變成何種模樣。無論是麵食、蔬菜湯、披薩、海鮮或肉類，幾乎都以蕃茄調味，但唯獨燉飯

©劉煜仕

較少使用。使用大量的蕃茄也成了許多台灣人對於義大利菜的印象之一。

大蒜（aglio）

為台灣人所認為義大利菜經常出現的氣味。儘管很多義大利菜確實少不了大蒜，使用上卻有所節制，多半以橄欖油煎出味道以後就會挑除，並不會繼續跟著菜餚一起煮。因此基本上義大利菜，很少會有讓人感受到濃厚蒜味者。生蒜也幾乎只會出現在青醬、綠醬等，以生的材料製作的醬料，還有蒜味麵包片（fettunta）和綜合香料末（gramolata）等等。

洋蔥（cipolla）

可以說整個西方飲食都不能沒有它。尤其是身為海港的威尼斯會有各地不同的人出入，被認為營養價值高的洋蔥便常常入菜，像糖醋沙丁魚（sarde in saor）、威尼斯小牛肝（fegato alla veneziana）、醬汁粗圓麵（bigola in salsa）等傳統菜餚都含有相當大量的洋蔥。

芹菜（cipolla）

很少單獨存在，通常是和其他蔬菜一起做成「混炒蔬菜」（sofritto）或加入蔬菜湯中。「普拉多填餡芹菜」（sedani ripieni alla prtese）是少數以芹菜為主角的例子。

■ 茄子（melanzane）

剛傳入義大利時被認為是有毒的東西，正如其名為「對身體有害（insane）的蘋果（mela）」。現今的義大利不管是燉煮、焗烤、油炸、義大利麵、菜泥、甚至是甜點，都可以找到用了茄子的傳統料理。譬如拿坡里的巧克力茄子（melanzane alla cioccolata），便是相當令外國人驚艷的甜點。

■ 菜豆（fagioli）

愛麗斯．佛倫瓦德提在義大利時，了解到義大利的國民美食既不是義大利麵，也不是披薩，而是「菜豆麵湯」。這種以豆子和義大利麵為主，並可能還添加其它蔬菜的濃湯，不但營養豐富也帶有飽足感。除此之外，豆子也常以各種不同型式出現，如隔夜蔬菜湯（ribollita）、鮪魚白豆（fagioli e tonno）等。對於有「食豆者」（mangiafagioli）之稱的托斯卡尼人來說，這些都是餐桌上常見的菜餚。

菜豆 ©盧建邦

醃漬品、乾貨與橄欖油

義式料理少不了的深層好滋味。

文・盧建邦

即便是在科技發達的今天，義大利仍然有許多藉著鹽漬、風乾、油漬和醋漬保存的「古早味醃漬品」。這些食物就好像我們的榨菜、豆豉、菜脯等，能給予食物一種較深層的滋味。接下來和大家簡單介紹義大利廚房當中不可或缺的醃漬品和乾貨：

橄欖（oliva）

地中海一帶的飲食都少不了橄欖油和橄欖。橄欖在未成熟時呈現綠色，在樹上完全成熟時則會呈黑色。傳統上，橄欖會在綠色或紫色時採收，而不是待它完全熟成黑色，用水浸泡數十天，並且每天換水。最後再把處理好的橄欖泡在用鹽和香料製作的醃汁當中，即我們在超市看到的罐頭橄欖。市面上的罐頭橄欖呈現深黑色，多半是以硫酸亞鐵著色。在橄欖盛產的地區都有加了橄欖的特色料理，比如說西西里燉茄子（caponta）、馬爾凱（Marche）的炸鑲餡橄欖（olive ascolane），和立古利亞（Liguria）的橄欖兔肉（coniglio alla ligure）等。以橄欖油和香料醃漬的橄欖也是非常好的開胃菜。

■ 酸豆（capperi）

雖然中文名稱叫做酸豆，實際上卻一種十字花科的植物隨續子或叫刺山柑的花苞。在台灣，一般常見的會以白酒醋醃漬。而高品質的鹽漬酸豆保留了更多細緻的香氣，能讓食物增色不少，不過在使用鹽漬酸豆時要先沖水把鹽洗掉。在製作綠醬（salsa verde）和鮪魚醬（salsa tonnata）時酸豆都是不可或缺的材料之一。

■ 鯷魚（acciughe）

翻閱外國食譜，幾乎都會告訴你若是可以就使用鹽漬鯷魚，但目前市面上僅能找到油漬鯷魚。鯷魚撈捕到以後，先用大量的鹽醃漬，接著再把鹽稍微洗掉擦乾，浸入油中裝罐。在盛產鯷魚的西西里，以及有鹽道（Via del Sale）通過的皮耶蒙也有些使用鯷魚的傳統料理，像是鮪魚醬，或是燙醬沙拉（bagna cauda，用大蒜、鯷魚、橄欖油和奶油做成的醬，通常會一邊加熱，邊用蔬菜沾著吃）等等。

■ 風乾蕃茄（pomodoro secco）

市售的風乾蕃茄，有分為風乾蕃茄（pomodoro secco）及調味過的油漬蕃茄乾（pomodoro secco sott'olio）兩種。若是風乾程度較低，保留較多水分和口感，則稱為半乾蕃茄（pomodoro semisecco），通常乾燥完成會直接油漬。前者是單純把切半的蕃茄加鹽乾燥；後者是將乾燥過的蕃茄浸入香料橄欖油中。若是買市售的風乾蕃茄，可以用加了白酒醋的水稍微煮過後取出擦乾，再依自己的喜好選擇使用何種香料和橄欖油。現在許多食譜以及餐廳也很流行自製風乾蕃茄。即自己用烤箱把蕃茄烘乾再泡入橄欖油當中，較接近市售的半乾蕃茄。

■ 芥末水果（mostarda di frutta）

在煮糖漬水果時加入芥末精（essenza di senape），做成香甜嗆辣的醃漬水果。有以整顆或大塊水果製成的克雷蒙納芥末水果（mostarda di Cremona），以及做成醬狀的曼圖瓦芥末水果（mostarda montovana）。前者適合配水煮或燒烤肉類；後者則可以加入南瓜餃（ravioli di zucca）裡頭增添風味。

■ 葡萄乾（uvetta）

除了做甜點，也會被加入料理當中。尤其是西西里的巴勒摩（Palermo）料理，經常同時出現松子、葡萄乾和麵包粉這三樣材料。

乾燥菇（funghi secchi）

以牛肝菌（funghi porcini）最為常見。可以加到燉飯或獵人式燉雞（pollo alla cacciatora）當中為菜餚增添濃厚的蕈菇香氣。

麵包粉（millica di pane）

可以拿來做油炸粉自然不在話下，有時候也會像起司一樣撒在料理上焗烤，或是拌入義大利麵、增加醬料的濃稠度或增加填餡的分量等等，是義大利菜當中相當廣泛使用的材料，尤其西西里菜使用特別頻繁。

杏仁（mandole）

最常用來製作甜點的堅果，特別是杏仁餅乾（amaretti）、普拉托硬餅乾（cantucci）和冰沙（granita）。

松子（pinoli）

也是在義大利食譜當中，出現頻率很高的食材之一。幾道著名的沙丁魚料理像是沙丁魚麵（pasta con le sarde）、糖醋沙丁魚（sarde in saor）等，都可以看到松子的蹤影。此外，許多甜點也都少不了它，像是蘋果酥捲（strudel）和栗子蛋糕（castagnaccio）。將血橙的肉切片，加上茴香球莖和松子，淋上橄欖油就是道簡單的西西里風味的沙拉了。當然，還有大家所熟知的青醬。

核桃（noce）

適合搭配以戈根佐拉製作的馬鈴薯麵疙瘩或燉飯。將放乾的麵包用牛奶泡軟，和核桃、橄欖油、奧勒岡一起打成核桃醬（salsa di noci）則是利古立亞區的傳統料理。

鹹鱈魚（baccalà）

可能更廣為人知的說法是澳門所說的「馬介休」。由於天主教徒禮拜五要守小齋，禁止食用肉類，易於保存的鹹鱈魚便是很好的選擇。將鹹鱈魚泡水退去鹽份以後，可以整塊燉煮、攪成泥配玉米粥或是混入馬鈴薯泥做成鹹鱈魚可樂餅。

烏魚子（bottarga）

薩丁尼亞和台灣一樣，也有生產烏魚子。而製作方法也大同小異：鹽漬風乾（但不會壓重物整型）。磨成粉撒在義大利麵上是最常見的吃法。

如何選購和保存橄欖油？

義大利是世界第二大橄欖油出口國，其中又以普利亞（Puglia）產量最大，占了全義大利的四成。而高品質的橄欖油也是讓義大利人引以為傲的地方。但義大利的產欖油產量雖然居世界第二，許多高品質的油卻在國內就已經消耗掉了。也因此市面上有些義大利橄欖油，實際上是義大利包裝（Packed in Italy）而非義大利產（Made in Italy），這也正說明了義大利橄欖油在外國人心目中的地位。既然如此，該如何選購和保存呢？

橄欖油大致上可以分為：特級初榨冷壓橄欖油（EVOO，Extra-Virgin Olive Oil），油酸度在〇・八％以下；初榨橄欖油（Virgin Olive Oil），油酸度在二％以下；其它像是純橄欖油（Pure Olive Oil）、清淡橄欖油（Light Olive Oil）、橄欖粕油（Pomace Olive Oil）、調和橄欖油，或只標示「橄欖油」等等。由於一般來講橄欖只能榨一次油，非初榨油通常以化學方式來萃取。通常香氣盡失，有些甚至不適合食用，如橄欖粕油。

由於台灣橄欖油多半無法試吃，在選購上較難以味道來判斷好壞。但仍然有些選擇的參考：

1 新鮮度。橄欖油不像葡萄酒，最好是趁新鮮的時候使用完畢，味道比較好，因此超市偶爾會出現快過期的特價油。若是無法消耗太快，建議不要一次買太大瓶，開過的油會劣化更快。

初榨橄欖油 ©劉煜仕

2 包裝和保存。像多數食物一樣，橄欖油應避免高溫或光照的環境。因此選購時，盡量以不透光玻璃瓶為主。另外，最好遠離廚房較熱的地方，也不宜冷藏，因為冷藏後的橄欖油會凝結，雖然置於室溫可以恢復成液態，但劇烈的溫度改變會使橄欖油加速劣化。最適合的保存溫度是攝氏十六到二十八度之間。

3 味道。即使無法試喝，也可以試著將買過的橄欖油味道記錄下來，做為下次選購的參考。

另外，許多人常有個迷思：冷榨橄欖油不適合炸。事實上，油適不適合炸應該取決於發煙點，而非單純以製作方式模糊揣測。特級初榨油的發煙點通常是攝氏一百九十度以上，基本上已經高過一般油炸烹調的溫度了。因此，除非是未過濾橄欖油裡頭含有雜質，會在高溫烹調時燒焦，冷榨橄欖油並沒有油炸或熱炒會變質的疑慮。

甜點篇

西西里起司捲 ©劉鴻仕

膾炙人口的甜點代表

提拉米蘇、義式冰淇淋……還有許多你不知道的義大利誘人甜點。

文・盧建邦
料理示範・Solo Pasta

講到義大利的甜點，便不能不提各式各樣甜點當中最為膾炙人口，幾乎是每個人心目中義大利甜點代表的提拉米蘇了。

在講到提拉米蘇以前，先和大家介紹另外一樣甜點：英國湯（zuppa inglese）。這樣從英國傳入的甜點，起源於奶油鬆糕（trifle）。原本是以海綿蛋糕、水果和鮮奶油堆疊而成的甜點，傳入義大利以後，變成了在沾了香料胭脂甜酒（alkermes）的海綿蛋糕上鋪卡士達。「Zuppa」在義大利文是「湯」，但甜點的名稱來原是「inzuppare」，有「浸濕」的意思。而英國湯將浸濕的蛋糕鋪上卡士達這樣的做法，被認為很可能是提拉米蘇的前身。

提拉米蘇的原文意思由於十分具有廣告效果，也常常被提到。它是由三個部分組成：提起（tirare）、我（mi）和介係詞（su，有「向上」之意）。中文則常解釋為「打起精神」、「帶我走吧」等意思。這樣的名稱使人在享用甜點時，也多了一些浪漫情懷。但由於提拉米蘇實在太受歡迎了，導致它出現了很多不同的做法與仿冒品。這樣來自於維內托（Veneto）的甜點，基本的組成要素有馬士卡彭起司（mascarpone）、手指餅乾（savoiardi）、可可和咖啡。現今的提拉米蘇食譜多半加入酒，以馬沙拉（marsala）最常見，也有人使用白蘭地、杏仁酒（amaretto）、蘭姆酒等，或是加入餅乾沾的咖啡之中，或是加入起司糊裡。而最上層撒的可可粉，亦有許多食譜採用磨碎的巧克力。大致上來講，這些部分即使做法不同，也不是什麼大問題，只是在義大利人眼中除外。而最具爭議性的部分呢，則是馬士卡彭的使用與否。

就好像很多料理一樣，廣泛流傳後便會出現外表近似的「山寨版」。以奶油乳酪（cream cheese）取代價格較高的馬士卡彭，或是摻入大量打發鮮奶油以減少起司的用量，諸如此類的做法雖然使得提拉米蘇更為普及，也造成了許多誤解。甚至只要是在蛋糕體鋪上白色幕斯再撒可可粉，就會被認為是提拉米蘇，不過味道差異甚大。而嘗過真正的提拉米蘇，乳脂含量高的馬士卡彭那種柔滑的滋味和浸透咖啡的餅乾，以及可可的香氣，才能了解到為何這樣的甜點會被義大利人稱做「帶我走吧」了。

冰淇淋也能吃出口感和健康

義式冰淇淋（gelato）一直給人相當美好的印象：巧克力、櫻桃、草莓、芒果、百香果、杏仁、榛果、開心果，有的上面撒滿堅果，有的放滿新鮮水果，五顏六色各種口味，還沒吃光看就賞心悅目。而義式冰淇淋和一般的冰淇淋（ice-cream）最主要的差別在於空氣含量以及油脂含量。義式冰淇林的空氣和油脂含量都較低，因此吃起來不但不油膩，還帶有一種扎實、可以「咀嚼」的口感。另外，不加牛奶，單純以水果製成的雪酪（sorbetto）也會在冰淇淋店（gelateria）出現。這幾點都是義式冰品被認為比較健康的原因。

©Pixabay

在台灣，製作冰淇淋時總能找到好的水果；而義大利生產的堅果更是高品質的代表，如皮耶蒙的榛果「tonda gentile della Langhe」、西西里開心果「pistacchio di Bronte」等，吃過就再也無法接受其它國家進口，品質普通的堅果口味冰淇淋了；同樣喜愛巧克力的義大利，還有一種常見的口味是巧克力碎片（stracciatella），即我們所說的瑞士巧克力冰淇淋。

冰淇淋除了直接吃，在義大利還有兩種常見的吃法：夾在布里歐（brioche）麵包裡，便是常見的西西里早餐；淋上咖啡，就變成結合了兩樣義大利人最愛的食物的「阿法奇朵」（affogato）。

除了冰淇淋和雪酪，義大利還有兩種常見的冰品：冰砂（granita）和半凍冰糕（semifreddo）。前者是以咖啡、杏仁汁、檸檬汁或其他果汁加糖水稀釋，接著冷凍，並定時拿出來把表面凝結的冰敲碎，重複動作直到原料完全呈現冰砂狀；後者則是在冰淇淋原料裡添加蛋白霜或鮮奶油再冷凍製成，比一般的冰淇淋容易融化許多。

義大利甜點的名聲雖然沒有法國甜點那麼響亮，但近幾年來各式各樣的西餐廳林立，平常可以接觸到的義式甜點也越來越多種，像是西西里起司捲（canoli）、蘋果酥捲（strudel）、米糕（torta di riso）等等。也讓人知道在提拉米蘇、冰淇淋和奶酪（panna cotta）以外，義大利有還有更多迷人的甜點！

提拉米蘇 ©劉煜仕

咖啡篇

©Pixabay

令人上癮的黑色狂潮

咖啡，令人難以抗拒的夢幻逸品。

文・李莘于

咖啡起源自衣索匹亞，最早食用咖啡豆的是回教徒。西元一四〇〇年，咖啡率先傳進阿拉伯世界，出現用曬乾果肉泡煮的「咖許」（qishr），以及加入焙烤咖啡豆一同磨碎滾煮的「咖瓦」（qahwa）。當時如伊斯坦堡、大馬士革都出現了華麗如宮殿的咖啡館。十七世紀透過威尼斯商人，咖啡香風靡全歐，在義大利、法國、英國、維也納、德國等地遍地開花，從此咖啡館取代了小酒館，成為歐洲人不可或缺的交誼廳。許多文人雅士與革命分子一邊啜飲咖啡，一邊腦力激盪，因而誕生許多偉大的傳世鉅作與歷史上重大的變革。

法國大文豪巴爾扎克（Honore de Balzac）一生飲下五萬杯濃咖啡，他的「我不在家，就在咖啡館；不在咖啡館，就在去咖啡館的路上。」成為咖啡迷的口頭禪。

音樂家們亦無法抗拒咖啡誘惑，巴哈（Bach）創作《咖啡清唱劇》描述當時德國人瘋咖啡的現象；貝多芬（Beethoven）喜歡自己泡咖啡，還堅持一杯一律六十顆豆；莫札特（Mozart）則鍾情加上鮮奶油的維也納咖啡。

咖啡，似乎也讓人更加有雄心，法國大革命前夕，志士們於咖啡館發表慷慨激昂的演說，幾杯濃黑咖啡下肚後，一舉攻陷了巴士底監獄。稱霸一時的拿破侖（Napoleon）嗜喝咖啡到一個程度，連死前也求喝一匙聖海倫那咖啡。「咖啡黑如魔鬼，灼似地獄，純比天使，甜如愛情。」小小一杯的魔力，只要人類上癮的基因還在，黑色狂潮仍將持續。

精品咖啡七大元素

世界三大咖啡產區為非洲、印尼和中南美洲，所謂的精品咖啡，起源於人稱咖啡教母的娥娜．努森（Erna Knutsen），於一九七四年，接受《茶與咖啡月刊》（*Tea & Coffee Trade Journal*）專訪時，創造了「精品咖啡」（Specialty Coffee）一詞。過去咖啡屬於大眾物資，都是堆在倉庫裡等待買家標售，在保存方面沒那麼周到，但漸漸有些產區的咖啡從栽種、採收、乾燥到運送和保存都用比較好的方式去對待，這些咖啡豆就叫稱之為精品咖啡。從此，咖啡不再只是提神用的飲料，而如同紅酒一般，成為講究產地之味的精品，是各地咖啡迷追尋的夢幻逸品。

©Pixabay

近年來台灣咖啡館很流行的單品咖啡也就是精品咖啡，特別強調產地與個性特質，如同水果一樣，現今大家吃柚子，也知道分別麻豆文旦、瑞穗、舞鶴等不同的產地與品種，講究的道理是一樣的。

依照美國精品咖啡協會（SCAA），精品咖啡須有豐富的：

1 乾香（Fragrance）咖啡豆烘焙後或研磨後的香氣。

2 濕香（Aroma）咖啡萃取液的香氣。

3 酸度（Acidity）豐富的酸味和糖分結合能夠增加咖啡液的甘甜。

4 醇厚度（Body）咖啡液的濃度和重量感。

5 餘韻（Aftertaste）根據喝下與吐出後殘留口中的風味。

6 滋味（Flavor）以上顎感受咖啡液的香氣和味道。

7 平衡（Balance）咖啡各種味道的均衡度與結合度

©設計家Art 100

©Pixabay

跨越國界的咖啡文化

義式咖啡的流行形成特有文化，並帶動商業發展，吸引星巴克創辦人將義式咖啡文化推向國際舞台。

文・駱亭伶

作家舒國治曾說，「咖啡館是跨國界的地標，任何人不畏進入。咖啡早已成為國際的語言，猶如音樂，人人說得出對它的感受。」事實上咖啡之所以能夠成為跨越國界的文化，成為現代一種普遍的生活方式，正是拜義式咖啡風潮席捲全球所賜。很多人在一大清早，不管頭腦清不清醒，卻懂得吐出幾個義文發音的關鍵字，點杯Espresso 、Cappuccino、或是Latte，為自己換來開啟一天的聖杯，便是最好的證明。

支撐著感性咖啡香的背後，隱藏著理性世界的運作機制；義式咖啡的流行與工業革命和商業發展有關。一九〇〇年代初期，擁有優良工藝傳統的義大利工程師，發明了一款厲害的機器，運用高壓將熱水穿透細磨的咖啡粉，可以在十五至三十秒間，快速萃取出一杯濃稠的咖啡。義大利文Espresso是壓力的意思，所謂義式咖啡，指的就是Espresso濃縮咖啡，是一種高壓萃取沖煮咖

啡的方式，並非特定的豆子品種，也不是烘焙法。

Espresso義式濃縮咖啡「被發明」後，義大利商人開始生產製造更多咖啡機。Espresso快速的特性，符合工業革命後講求效率的社會氣氛，並且非常適合於商業應用。快速沖煮並喝下一杯咖啡，同時象徵一樁買賣的完成，這盤好生意吸引了許多人進來，Espresso這杯小小的黑色濃汁，被賦予更多傳奇，咖啡機就更流行，咖啡吧也越普遍，這就是為什麼在義大利不管是多小的市鎮或偏僻的鄉間，都找得到一家咖啡吧的原因。

而站在吧台裡沖煮咖啡者稱為Barista，意思是操作濃縮機器的咖啡大師，不只擅長沖煮咖啡，並熟稔於機械構造，對於流線型的機器呵護備至，透露出崇尚工藝的美學品味。數十年發展下來，最初的時髦玩意逐漸融為義大利人生活的一部分，形成了獨特且平民化的咖啡文化。

多年後，這幅風景深深吸引並啟發了一九七〇年代到義大利出差的美國商人，其中關鍵人物就是星巴克的創辦人之一霍華・舒茲（Howard Schultz），

©Pixabay

他迅速拓展了數百家以Espresso義式濃縮咖啡為號召的連鎖咖啡店，並宣告要讓美國人的唇上都留下一道白鬍子，見識到Espresso和卡布其諾的威力，星巴克可以說是將義式咖啡文化從義大利本土推往海外的推手，隨著全球化的腳步，不斷擴展延伸。

而在台灣，早在星巴克進入之前，過去台灣的咖啡館獨尊賽風（Syphon）一途，酒精燈火下沸煮的咖啡就是正統格調。但近年，義式咖啡機的風潮早已隨著網路的流通、旅行國外的經驗等，與台灣的咖啡愛好者搭上線。

義式咖啡的特色與種類

濃縮咖啡（Espresso）是義式咖啡的原點，最大特色就是強大的壓力使得水分乳化了咖啡豆中的油脂和蛋白質，包覆住二氧化碳，形成了一層黃褐色泡沫「克麗瑪」（CREAMA），產生慕斯般豐厚濃郁口感，使得許多咖啡迷一喝就上癮，心甘情願酗咖啡。由於萃取時間短，反而咖啡因含量較少。

傳統上Espresso會採用的深煎焙的豆子，顏色呈現均勻牛奶棕色，讓咖啡豆的油脂覆蓋到表面，更容易產生克麗瑪。基本上任何豆子都可以做出Espresso，有些店家會調配出所謂的義式豆，義式豆和綜合豆一樣，是將多種豆子調和起來，形成一種固定的口味，也是為了備料方便。因為一項商品的品質必須穩定，口味不能變來變去，但咖啡豆畢竟屬農產品，有時欠收缺貨，或每批品質變動不一，故集合數種豆子減少差異性。

義式咖啡之所以廣受歡迎，其實也跟Espresso方便運用變化有關。萃取濃縮Espresso就像是湯頭一樣，加上不同比例的原料，就多出一種品項，滿足了不同的口感與需求。但是加料混和的作法，並非發源於義大利，是從維也納的咖啡館開始。十七世紀維也納人接收了土耳其軍隊留下的咖啡，卻不習慣於咖啡的苦澀滋味，於是將糖、牛奶、鮮奶油等混合攪在一起，稱之為「米朗琪」（MELANGE）。不過一般咖啡經稀釋之後，味道就越淡，濃縮的Espresso反而最搭，一路發展下來，逐漸吸納為義式咖啡的特色。

卡布其諾（Cappuccino）是以義大利卡布琴（Capuchin）修道士所穿著的白色與棕色連帽大衣為命名的一款乳品咖啡。傳統的比例是三分之一的Espresso、三分之一的蒸汽牛奶、三分之一的泡沫牛奶（或稱奶泡），形成了調和成溫潤細緻的口感，也可撒上肉桂或可可粉增加風味。如果附註Double，表示Espresso的分量是雙倍，加重咖啡比例。

拿鐵（Latte）是義大利文的牛奶的意思，牛奶比例比卡布其諾更重，大約是咖啡的兩到三倍，跟法國的歐蕾咖啡（Cafe au Lait）近似，並沒有泡沫牛奶。義大利人通常一早會自家廚房裡喝拿鐵咖啡配餅乾，較少外出點用。但是在美式連鎖咖啡店裡，拿鐵往往意味著大杯的卡布其諾，上面仍有一層奶泡。

摩卡（Mocha）是拿鐵咖啡加上巧克力糖漿或是巧克力粉。

瑪奇朵（Macchiato）是以Espresso在表面上加上兩匙的泡沫牛奶，端上時使用Espresso的小杯。

美式（Americano），以Espresso加熱水，成為較為稀薄、淡滋味的咖啡。

義式咖啡的品味要訣

有趣的就是，義式咖啡在全球廣為流行，相對商業化也是最徹底的，畢竟要製作一杯Espresso，需仰賴濃縮咖啡機，配合機器的使用，廠商將標準製成定下來，譬如一般水溫大約在九十度，磨粉偏細，大約介於食鹽和麵粉之間等等，所有的器具都要是熱的，要先溫杯等……只要按照指示說明，按個鈕，一杯咖啡出來了，味道不會太離譜。

但是，對於玩家級與專業咖啡經營者來說，已經無法滿足於工業時代制式規格化的表現。政治大學「水岸咖啡館」老闆「郎叔」郎毓彬說，現在比較高檔的專業機器，可以調整設定，有的玩家還會開始改造機器，配合實驗測量出最適合的豆種、烘焙程度、水溫、萃取的時間，乃至填壓咖啡粉的重量，所以豆子未必採用重烘焙，萃取時間可能超過三十秒，混合上好的單品豆，甚至有的是強調清爽的口感。

一杯看似簡單的Espresso也隨著時代更迭，具備了後現代多元、各自表述的特色，每一家個性咖啡館的Espresso都有主人獨門的特色，有別於一般連鎖咖啡店的味道。

郎叔說，基本上來說，一杯好的Espresso，克麗瑪泡沫細緻，苦中回甘。而咖啡豆是果樹，咖啡是種子，喝起來若是帶有水果的風味，以及核果的香味，能夠品嘗出這兩種味道，就是高級的Espresso。相對若是有焦苦味，可能就是烘焙過度，最不討喜。

五撇步做出好咖啡

1 選購一台濃縮咖啡機，價位上從數千塊、數萬塊到數十萬都有，購買前最好先考慮自己整體的使用機率，划不划算。

2 選用新鮮的咖啡豆，豆子不夠新鮮可能不會做出克麗瑪，且且咖啡豆表面的油脂與空氣長時間接觸，容易氧化，產生酸敗味。

3 製作奶泡最好用全脂牛奶，並且要是冰的。

4 使用後徹底清洗。義式咖啡機的清潔很重要，因為萃取咖啡油脂的關係，內部的管線需要清理，一般咖啡館都會整個拆卸下來清洗，否則會滋生小強、黴菌，這點需特別注意。

5 如果沒有專業的濃縮咖啡機，試試看家中現有的設備，只添購打奶泡

©呂恩賜

的蒸汽牛奶機。在義大利家庭，利用摩卡壺來煮濃縮咖啡是很普遍的做法，雖然有人覺得摩卡壺溫度太高，做出來的咖啡品質不好，但是若有現成的工具，何妨試試。

也有看過許多咖啡流行風潮的玩家建議，用賽風虹吸式一樣可以做Espresso，調整水量與咖啡粉的濃度比例，如原本三百ＣＣ的水放三十公克的咖啡粉，把水量減一半，一樣可以煮出好滋味的濃縮咖啡。

好咖啡四要素

文·李莘于

除了濃度要對之外，咖啡主要還是喝它的味道。「酸」、「苦」、「香」會被萃取出來的比例與下列萃取的四大要素息息相關。

1 水溫越高，酸味越低、苦味越重、香氣越揚
2 研磨越細，酸味越低、苦味越重、香氣無甚影響
3 沖煮越久，酸味越低、苦味越重、香氣變弱
4 水量越少，酸味越低、苦味越重、香氣無甚影響

品味篇

©劉煜仕

掌握義式料理完整用餐程序

在正式餐廳裡用餐的程序有標準，就連菜名也暗藏玄機。

文・盧建邦

現今台灣的大街小巷開滿了許多號稱賣「義大利料理」的餐廳。然而，在這麼多的餐廳之中，又有哪些店賣的是連義大利人都心服口服的家鄉味呢？

在義大利用餐，會根據不同需求選擇不同的用餐環境。吃早餐時，會選擇兼賣咖啡和調酒的bar，以簡單的卡布奇諾和可頌做為一天的開始。餐廳依正式的程度不同，分為「ristorante」、「trattoria」、「osteria」等不同類型。另外還有各式各樣的專賣店，比如說披薩店「pizzeria」、炸物專賣店「friggitoria」、冰淇淋「gelateria」、蛋糕「pasticceria」等等。

除了專門店以外，稍微正式一點的餐廳，用餐順序大概是：

■ 開胃菜（Antipasti）

開胃菜是義大利菜裡相當精彩的一部分，正如義大利有句諺語說「吃東西會帶來好胃口」（L'appetito vien mangiando），因此若是把開胃菜當成用餐前為了墊肚子隨便做的東西，那會是相當可惜的。醃鯷魚（Alici Marinate）、皮耶蒙甜椒（Peperoni alla Piemontese）、生牛肉薄片（Carpaccio）、炸填餡橄欖（Olive Alscolane）等各式各樣冷熱生熟的美味，往往能給一頓飯帶來好的開始。

■ 第一主菜（Primo Piatto）

即我們最熟悉的義大利麵、燉飯、麵疙瘩等部分。由於後面還有一道主菜，做為第一主菜的義大利麵或燉飯往往不會有大量的肉，並且分量相較於一般台灣的義大利麵店要少。比較著名的特例是米蘭式小牛膝（Ossobuco alla Milanese）時常和米蘭式燉飯（Risotto alla Milanese）一起上桌，但也有人認為這是中餐時為了急忙回去工作而胡亂吃頓飯的米蘭式作風。

■ 第二主菜（Secondo Piatto）

肉類或海鮮，加上以蔬菜為主的配菜（Contorno）。

■ 甜點（Dolce）

一頓飯的結尾。但通常義大利人吃甜點並不會搭配咖啡，而是完整結束一餐後轉戰咖啡店。

一般來講，義大利人並不會拿麵包去沾加了巴薩米可醋（Aceto

Balsamico）的油醋汁吃，這種食用方法很可能是從美國傳來的。而義大利也不如法國餐廳那樣，熱衷於提供清湯或口感細滑的濃湯。很多帶有較多湯汁的菜餚，可能都是開胃菜或主菜的一部分，而不是單獨以湯（Zuppa）的角色出現在開胃菜和主菜之間，比如說立沃諾燉海鮮（Cacciucco）、鷹嘴豆湯麵（Ciceri e Tria）等等。這些料多味美的「湯」，有時候甚至一碗就可以抵過完整的一餐。

這是比較完整的用餐程序，通常會是午餐或晚餐。但若是吃披薩，披薩本身就構成完整的一餐了。而義大利人的早餐比起台灣可以說相當簡單貧乏：卡布奇諾和可頌。而他們也幾乎不會尋求更豐盛的早餐了。講到卡布奇諾，幾乎是僅存於義大利人的早餐裡。一過了中午，幾乎就不會再喝這種加了大量牛奶的咖啡了，包括拿鐵。

義大利菜名隱藏的奧妙

另外，傳統義大利菜的菜名常常不是表示出該道菜的出身地，就是和某種職業或人物角色有關，比如說熱那亞青醬（Pesto alla Genovese）、佛倫羅斯牛排（Bistecca alla Fiorentina）、米蘭式燉飯（Ossobuco alla Milanese）、羅馬式燉牛肚（Trippa alla Romana）、波隆那肉醬（Ragù alla Bolognese）、煙花女麵（Pasta alla Puttanesca）、獵人式燉雞（Pollo alla Cacciatora）、煤炭工人麵（Pasta alla Carbonara）、老奶奶蛋糕（Torta della Nonna）等。

此外還有一些令人匪夷所思的菜名，透露出了某種「義式」幽默：狂水煮魚（Pesci all'Acqua Pazza）、溺水章魚（Polpo Affogato）、火冒三丈麵（Pasta all'Arrabiatta）、裸體麵餃（Gnundi）、「醜但好吃」（Brutti ma Buoni）、小牛肚栗子糊（Busecchina）、「飛入口中」（Saltimbocca）、「帶我走吧」（Tiramisù）等等。幾乎可以說每道著名的傳統料理，要不是帶有地名，就是帶有令人摸不著頭緒的名稱。其中，有些冠上地名的菜名甚至不會是字面上的地區，比如說熱那亞肉醬麵（Pasta alla Genovese）實際上是拿坡里菜；而帕馬風味焗茄子（Melanzane alla Parmigiana）也是在南義比較常見。要解讀這些隱藏在菜名當中的暗號，也只能藉由不斷吃、不斷閱讀食譜書籍，才可能理解其中的奧妙。

對於每一樣食物不同地區都有屬於自己的稱呼，做一道菜時橄欖油的產地、蕃茄的品種選擇，以及不可勝數關於食物的義大利諺語，這些現象都透露出義大利人對於食物莫名的堅持和熱愛，也說明了義大利人為何對於自己的食物可以如此自信。

出生於慢食發源地皮耶蒙的學者兼作家翁貝托·艾可（Umberto Eco）如是說道：「也許，認識烹飪就等於認識居民靈魂的說法，在義大利比世界上其它地方來得更為真切。」

料理吃門道：法國篇・義大利篇

作者	商業周刊等
商周集團榮譽發行人	金惟純
商周集團執行長	王文靜
視覺顧問	陳栩椿
商業周刊出版部	
總編輯	余幸娟
編輯總監	羅惠萍
責任編輯	楊安琪
封面設計、內頁設計排版	巫麗雪
出版發行	城邦文化事業股份有限公司-商業周刊
地址	104台北市中山區民生東路二段141號4樓
傳真服務	（02）2503-6989
劃撥帳號	50003033
戶名	英屬蓋曼群島商家庭傳媒股份有限公司城邦分公司
網站	www.businessweekly.com.tw
製版印刷	中原造像股份有限公司
總經銷	高見文化行銷股份有限公司 電話：0800-055365
初版一刷	2013年（民102年）8月
定價	320元
ISBN	978-986-6032-36-3

版權所有・翻印必究

Printed in Taiwan（本書如有缺頁、破損或裝訂錯誤，請寄回更換）

商標聲明：本書所提及之各項產品，其權利屬各該公司所有

國家圖書館出版品預行編目資料

料理吃門道：法國篇・義大利篇 / 商業周刊等著.
-- 初版.-- 臺北市 : 城邦商業周刊, 民102.08
面；　公分
ISBN 978-986-6032-36-3(平裝)
1.飲食風俗 2.義大利 3.法國
538.7845　　　　102013974